LETTRES À LUCILIUS

*La philosophie de l'Antiquité
dans la même collection*

ARISTOTE, *Catégories. Sur l'interprétation* (édition bilingue). – *De l'âme.* – *Éthique à Eudème* (édition bilingue). – *Éthique à Nicomaque.* – *Métaphysique.* – *Météorologiques.* – *Le Mouvement des animaux. La Locomotion des animaux.* – *Parties des animaux* (édition bilingue). – *Parties des animaux*, livre I. – *Petits Traités d'histoire naturelle.* – *Physique.* – *Les Politiques.* – *Premiers Analytiques.* – *Rhétorique.* – *Seconds Analytiques* (édition bilingue). – *Sur la justice* (*Éthique à Nicomaque*, livre V). – *Traité du ciel* (édition bilingue).

CONFUCIUS, *Entretiens avec ses disciples.*

DIOGÈNE LAËRCE, *Vie, doctrines et sentences des philosophes illustres* (2 vol.).

ÉPICTÈTE, *Manuel.*

ÉPICURE, *Lettre à Ménécée* (édition avec dossier). – *Lettres, maximes et autres textes.*

GALIEN, *Traités philosophiques et logiques.*

HÉRACLITE, *Fragments.*

HIPPOCRATE, *L'Art de la médecine.*

LUCRÈCE, *De la nature* (édition bilingue).

MARC AURÈLE, *Pensées pour moi-même*, suivies du *Manuel* d'Épictète.

Penseurs grecs avant Socrate. De Thalès de Milet à Prodicos.

PLATON, *Alcibiade.* – *Apologie de Socrate. Criton.* – *Le Banquet.* – *Le Banquet. Phèdre.* – *Charmide. Lysis.* – *Cratyle.* – *Écrits attribués à Platon.* – *Euthydème.* – *Gorgias.* – *Hippias majeur. Hippias mineur.* – *Ion. Lachès. Euthyphron.* – *Lettres.* – *Les Lois* (2 vol.). – *Ménexène.* – *Ménon.* – *Parménide.* – *Phédon.* – *Phèdre* (édition avec dossier). – *Phèdre*, suivi de *La Pharmacie de Platon* par Jacques Derrida. – *Philèbe.* – *Platon par lui-même.* – *Le Politique.* – *Premiers Dialogues* (*Second Alcibiade. Hippias mineur. Premier Alcibiade. Euthyphron. Lachès. Charmide. Lysis. Hippias majeur. Ion*). – *Protagoras.* – *Protagoras. Euthydème. Gorgias. Ménexène. Ménon. Cratyle.* – *La République.* – *Sophiste.* – *Sophiste. Politique. Philèbe. Timée. Critias.* – *Théétète.* – *Théétète. Parménide.* – *Timée. Critias.*

PLOTIN, *Traités* (9 vol.).

PLUTARQUE, *Dialogues pythiques.* – *Dialogue sur l'amour.*

SÉNÈQUE, *De la providence. De la constance du sage. De la tranquillité de l'âme. Du loisir.* – *La Vie heureuse. La Brièveté de la vie.*

LES SOPHISTES, *Anthologie* (2 vol.).

XÉNOPHON, *Anabase.* – *Le Banquet.*

SÉNÈQUE

LETTRES À LUCILIUS

1 à 29 (livres I à III)

Traduction, présentation, notes, index,
chronologie et bibliographie
par
Marie-Ange JOURDAN-GUEYER

Édition corrigée et mise à jour en 2017

GF Flammarion

*Publié avec le concours
du Centre national des lettres.*

© Flammarion, Paris, 1992.
Flammarion, 2017, pour cette édition.
ISBN : 978-2-0814-0449-6

PRÉSENTATION

Un philosophe controversé

La renommée de Sénèque a traversé les siècles dans une ambiguïté constante. La complexité du personnage et de sa pensée comme l'abondance de ses talents n'ont cessé de fasciner mais l'ont rendu suspect : parce qu'il était prosateur et poète, on a nié que Sénèque le Philosophe et Sénèque le Tragique fussent un seul et même écrivain ; parce qu'il fut à la fois un homme politique et un penseur, on a cherché à rabaisser tantôt l'un, tantôt l'autre de ces rôles entre lesquels plusieurs de ses ouvrages avaient pourtant tissé des liens de complémentarité. Tout en le traitant donc de demi-philosophe ou de politicien hypocrite au service des Puissants (Agrippine, puis Néron), on a longtemps négligé de définir sa place dans l'évolution du stoïcisme et son influence dans la construction séculaire de l'idéologie impériale qui permit à Rome de durer. Quant au travail stylistique considérable de l'écrivain, qui marque une étape dans l'histoire de la littérature latine, on l'a dénigré, peut-être en le comprenant mal, depuis la première réaction néoclassique de Quintilien. C'est que ce dernier vivait sous Domitien (soit quelque trente ans après la mort de Sénèque), alors que le goût était en train de changer, contredisant sa gloire posthume. De fait, les principales critiques, visant la forme ou le fond, qui lui ont été adressées au fil du temps se trouvent déjà clairement énoncées au livre X de

L'Institution oratoire : « manque d'exactitude » philosophique, style « corrompu » et, ce qui est pis, rempli de « défauts agréables », à quoi s'ajoutent l'ambition personnelle ou une excessive confiance en son propre génie...

On constate, d'autre part, que dans les périodes de crise ou de renouveau religieux et moral qui ont fait évoluer le monde occidental, on a retrouvé à chaque fois le goût de lire Sénèque : au temps des Pères de l'Église, au Moyen Âge comme dans la Renaissance des humanistes auxquels nous devons les magistrales éditions princeps de ses œuvres, au siècle de la Fronde puis des jansénistes comme à celui des Lumières et de la Révolution française, au XIXᵉ siècle, enfin, qui voit se mettre en place les premières études universitaires. Mais, bien que notre dette soit grande aussi à leur égard, celles-ci nous ont transmis un jugement réducteur en classant Sénèque (de même qu'Épictète) dans le groupe des « moralistes » de l'Antiquité : la dénomination est un peu vague.

Les recherches contemporaines qui pratiquent une approche des textes systématique, précise et technique, ont balayé tout cela. Et Sénèque apparaît aujourd'hui comme un personnage clé du premier siècle du Principat, tant dans les lettres et la philosophie qu'en politique. Or les deux domaines, à compter de la fin du règne d'Auguste, sont en conflit permanent. Si la tradition nous a laissé de lui un portrait contradictoire, certes tourmenté, mais aussi controversé, à tout le moins difficile à saisir, c'est que l'époque elle-même présente cette caractéristique et demeure difficile à appréhender pour les Modernes.

Le philosophe et le pouvoir : un conflit moral

La vie de Sénèque traverse, en effet, le règne des cinq premiers Césars, soit de la dynastie julio-claudienne, fondatrice du nouvel ordre, dans sa totalité : né autour de l'ère chrétienne, il grandit sous Auguste, est *adulescens* sous Tibère, reçoit alors une solide formation rhétorique et philosophique et, après un séjour en Égypte, commence une carrière politique par de brillants débuts (il est questeur en 35) et de beaux succès oratoires dont prend ombrage Caligula ; intégré à la plus haute société romaine, il participe de façon décisive à la lutte politique au point de se compromettre avec Julia Livilla, sœur de Caligula, et, à la mort de celui-ci, se retrouve exilé en Corse par Claude ; il y demeurera huit ans avant qu'Agrippine, devenue l'épouse de Claude, le fasse rappeler, sans doute pour gagner l'opinion des sénateurs ; de retour à Rome, il réintègre aussitôt la carrière politique en accédant à la préture en 50 et se voit confier l'éducation du jeune Néron. À l'avènement de ce dernier, il joue le rôle de ministre-conseiller et c'est lui, dit-on, qui gouverne l'Empire le temps d'un « quinquennat » (de 54 à 59) ; mais l'élève prend son essor : peu à peu Sénèque voit son influence diminuer jusqu'au jour où, nous conte Tacite, il offre de lui-même à Néron de se retirer ; ce qu'il fait sans ostentation ni rupture apparente (en 62). Il consacre alors son loisir aux études, rédige ses derniers ouvrages, entame, surtout, une correspondance philosophique avec son ami Lucilius. Mais Sénèque demeure à Rome un nom et une présence qui pèsent, même de loin, et l'empereur, profitant de la découverte d'une conspiration, lance une vague répressive qui atteint son vieux maître : Sénèque reçoit l'ordre de se suicider. Nous sommes en 65. Néron lui-même ne sait pas qu'il ne lui reste plus que trois ans à vivre.

Notre source la plus directe et la plus riche se trouve dans les *Annales*. À l'inverse d'un Dion Cassius qui, au début du IIIe siècle, se montrera franchement hostile au philosophe, Tacite, lui, trace de Sénèque un portrait nuancé, ambigu au premier abord mais finalement plutôt favorable, du point de vue de l'objectivité historique.

Environ cinquante ans après sa mort, se consolident ainsi l'ascendant du stoïcien, le renom du personnage et de son œuvre, tandis que s'épanouit sous le règne des Antonins l'idéologie du bon Prince qu'il aura largement contribué à forger.

Et ce n'est pas un hasard si Tacite place dans la bouche d'un délateur nommé Suillius (*Annales*, XIII, 42-43) les principaux reproches qui lui sont adressés : une carrière faite de jalousies littéraires, d'intrigues politiques et de débauche (l'affaire Julia Livilla), le tout couronné par un enrichissement démesuré, peu compatible avec les « préceptes des philosophes » ; à quoi l'historien ajoute des compromissions répétées dont il fournit çà et là l'illustration : Sénèque rédigeant pour le jeune Néron l'éloge officiel de Claude et participant de la sorte à la « comédie de la tristesse » qui suivit son assassinat (*Annales*, XIII, 3-4), alors que nous savons qu'il est aussi l'auteur de *L'Apocoloquintose*, pamphlet satirique impitoyable contre l'empereur défunt ; Sénèque couvrant successivement les meurtres de Britannicus puis d'Agrippine (*Annales*, XIII, 18 à 21, et XIV, 7 à 11), alors qu'il est, peut-être bien dans l'intervalle séparant ces deux meurtres, l'auteur du fameux discours ou traité *De la clémence*...

À lire les *Annales* dans leur ensemble, on s'aperçoit que ces accusations ne sont autres que celles qui traversent l'œuvre entière et par lesquelles Tacite incrimine les différents princes qui se sont succédé après Auguste, par contraste avec l'heureux règne de Trajan, son contemporain. Sous celui des premiers Césars, en effet, l'élite équestre et sénatoriale du monde romain, écartée de l'exercice réel du pouvoir, ne fut-elle pas vouée à dépendre de la volonté du Prince et de ses largesses, par suite à vivre dans un perpétuel compromis avec lui et à progresser dans une carrière faite de succès mondains individuels plutôt qu'au service de l'État ? Mais si les membres de cette élite sont privés du pouvoir de décision (centralisé), ils ont en main la gestion des affaires ainsi que l'administration des nouvelles provinces de Rome, parfois bien éloignées, aux fins de consolider l'Empire. C'est pourquoi ils doivent trouver des solutions à ce conflit moral pour régler leur conduite.

Concilier action et doctrine

Subtil analyste d'une époque, Tacite l'aura compris : Sénèque fut celui qui apporta des réponses, puisées dans l'orthodoxie stoïcienne, à la triple difficulté qu'ils rencontraient :
– au luxe et à l'asservissement aux richesses, le philosophe oppose la nécessité absolue de se détacher des biens matériels : qu'importe combien l'on possède, si l'on réussit à ne pas en être dépendant, ni physiquement, ni psychologiquement, et pourvu qu'on en fasse bon usage ;
– à la position sociale et aux honneurs liés au service inévitable du Prince, Sénèque oppose l'*amor fati* : que chacun accepte et assume la place qu'il occupe parce qu'elle lui a été assignée par le destin, sauf – et la restriction est d'importance – si la dignité même de son être est mise en cause, auquel cas il est permis de choisir le suicide (considéré alors comme un dernier acte d'obéissance au destin) ;
– enfin, s'il faut savoir mépriser la fortune (c'est-à-dire les coups du sort, les injustices, la défaveur du Prince...), vivre en accord avec le destin implique la doctrine de l'opportunité (*eukairia*) : prévoir même le pire mais se soumettre aux circonstances et guetter la « bonne occasion » – aussi bien, avoir l'échine souple pour ne pas heurter inutilement le Pouvoir, s'adapter aux réalités de ce même Pouvoir. C'est toute une casuistique de la raison

d'État comme de la vie quotidienne qui se trouve développée dans les œuvres de Sénèque, et qui, à elle seule, permet à l'homme rationnel de triompher de l'arbitraire et au sage de garder, en toutes circonstances, la tranquillité de l'âme.

Si bien que, philosophe et poète d'un côté, il nous a laissé en vers comme en prose des œuvres majeures de son siècle où sont exposées et traitées « à vif » les épreuves de la puissance et de la richesse (dialogues et lettres) ainsi que les souffrances des passions (tragédies). Brillant orateur et homme politique de l'autre, il a manqué de peu, dans sa jeunesse, l'accès au Principat qui lui aurait été ouvert, sans doute, s'il avait épousé la sœur de Caligula (puisqu'il serait alors entré dans la famille julio-claudienne), mais il paya son échec par l'exil ; plus tard, guidant, avec Burrus, les pas du jeune Néron, il présida en fait, sinon en titre, aux destinées de Rome et mena, l'espace de quelques années, une politique qu'on s'accorde à louer : austérité économique, reconnaissance des avis du Sénat pour assurer l'équilibre du pouvoir, modération et clémence à l'intérieur, pacifisme aux frontières.

De plus, mise au service d'un tel programme de gouvernement, son ambition – qu'on pourrait aussi appeler « engagement » – alla de pair tout au long de sa vie avec l'effort de construire une idéologie juste pour l'Empire où la figure du Prince (qui s'impose désormais : la République n'est plus qu'un souvenir), maître et bienfaiteur du genre humain, doit rayonner comme le soleil dans l'univers, à l'instar de la théologie solaire dans la tradition égyptienne, et comme la raison lorsqu'elle domine l'esprit humain, émanation de la raison naturelle qui dirige le cosmos, selon la doctrine stoïcienne.

Enfin, Sénèque élabora parallèlement une doctrine d'harmonie sociale par le traité *Des bienfaits* qui analyse et prône de nouvelles relations interpersonnelles fondées sur la reconnaissance et le juste échange de « services ».

Il se peut que cette double réflexion, d'ordre politique et social, soit venue trop tôt : les temps étaient mouvementés, le pouvoir encore mal assuré sur ses bases. Au siècle suivant, sous d'autres empereurs, comme on l'a dit, elle portera ses fruits.

Loin, donc, d'être en contradiction avec sa vie, le stoïcisme de Sénèque lui permit de résoudre les conflits renouvelés qui se présentèrent à lui, d'inventer des solutions originales et de voir plus loin. Ce qui passionnait visiblement Sénèque, et, du même coup, le rend passionnant par-delà l'écart du temps, c'est cette bataille continuelle pour concilier vie et doctrine, action et théorie, cette confrontation permanente avec la réalité vécue, cette pensée toujours sur le qui-vive car il y a une décision à prendre à chaque instant pour persévérer dans son être.

*Lucilius, le disciple et l'*alter ego

Se tenir en éveil et éveiller autrui, tel est le but, en effet, de tous ses écrits de morale. Si la philosophie sert l'action individuelle, on ne philosophe pas seul. Le sage, lui-même, a besoin d'ami(s), affirme Sénèque (*Lettre* 9). À l'amitié politique, qui unit traditionnellement les Romains selon leurs liens de parenté et leurs affinités au sein de la cité, est substituée l'amitié philosophique, autre expression de la solidarité fondamentale qui unit les hommes selon la nature mais que ceux-ci ont oubliée. Toutes les œuvres en prose de Sénèque, qu'elles soient ou non désignées sous ce terme, sont des « dialogues » avec le dédicataire qui joue le rôle d'interlocuteur fictif, selon le procédé de la diatribe, au cours du raisonnement. Les *Lettres à Lucilius* sont l'aboutissement du genre : elles se présentent comme une série de dialogues successifs qui se complètent les uns les autres au fur et à mesure qu'avance l'enseignement philosophique.

On admet aujourd'hui qu'elles sont de véritables lettres, peut-être remaniées par endroits ou tronquées en vue de leur publication. Leur destinataire, Lucilius Junior, nous est connu par les renseignements épars que l'auteur nous livre : un peu plus jeune que Sénèque, il le connaît de longue date. Comme lui, il aurait été, à la fin du règne de Caligula, impliqué dans des conspirations et inquiété par l'empereur, puis par Messaline. À l'époque de la correspondance, il est procurateur en Sicile et voyage souvent, probablement pour ses obligations administratives. Il a beaucoup de points communs avec Sénèque, on se plaît à le remarquer : originaire sans doute de Pompéi, il s'est élevé au rang équestre et accomplit une carrière intéressante ; il se montre ambitieux, y compris dans le domaine littéraire : Sénèque loue son talent pour les vers bien frappés et, à la faveur de son séjour en Sicile, on a supposé qu'il était l'auteur du poème *L'Etna* qui nous a été transmis, mais il ne nous reste aucun autre de ses ouvrages ; esprit cultivé et exact, il apprécie aussi bien les sciences de la nature que les points techniques de la philosophie, penchant contre lequel Sénèque, parfois, le met en garde. Surtout, il lui ressemble par son tempérament énergique, son enthousiasme un peu trop prompt, sa curiosité en tous domaines.

En Lucilius, donc, le philosophe trouve l'interlocuteur idéal, à qui il s'adresse comme à un autre lui-même, et ce rôle de *miroir* est loin d'être négligeable dans une telle correspondance. Nul doute que Sénèque repère chez son ami les mêmes défauts, les mêmes erreurs du néophyte qu'il fut un jour. Mais en retour, si l'on ne philosophe pas seul, on philosophe aussi pour soi, pour progresser

PRÉSENTATION

soi-même sur le chemin de la sagesse : la lettre philosophique est alors l'occasion de faire le point sur ses propres connaissances, sur ses propres efforts, et l'on peut aller jusqu'à dire qu'elle consiste en une « auto-analyse » à laquelle l'autre est convié et associé (*Lettre* 27, 1). Le progrès s'effectue à deux : l'un entraînant l'autre, le maître n'ayant, somme toute, sur le disciple qu'une assez courte avance.

Chaque lettre est un exercice spirituel pour son auteur, qui s'adapte à l'autre – son destinataire – dans un échange intime : en cela consiste la véritable communication entre deux êtres qui se sont élus l'un l'autre, et c'est précisément ce qui s'appelle l'« amitié philosophique ».

Enseignement théorique et pédagogie

Dans cette optique, Sénèque invente, avec les *Lettres à Lucilius*, une formule inédite dans la littérature latine : une correspondance pédagogique (inspirée notamment des lettres d'Épicure qu'il connaît et cite quelquefois) où il tente de conjuguer peu à peu l'enseignement doctrinal et l'application concrète, quasi immédiate.

C'est pourquoi la démarche remonte de la pratique vers la théorie : partant des difficultés que rencontre chaque jour son « élève », Sénèque distribue d'abord des conseils qui visent à faire adopter et suivre une ligne de vie (*parénèse*) ; par la suite, il introduit des exposés touchant aux grands points de la philosophie stoïcienne telle qu'elle a été élaborée par les fondateurs (Zénon, Cléanthe, Chrysippe) puis transmise à Rome par Panétius au IIe siècle et Posidonius au Ier siècle av. J.-C., dès lors fortement teintée de platonisme : c'est l'enseignement des *dogmes* (*decreta*) à côté des *préceptes* (*praecepta*) dont Sénèque, dans deux lettres centrales (94 et 95), affirmera la coexistence nécessaire et l'interdépendance.

Il s'agit donc bien d'un « cours » de philosophie. D'où le plan général du recueil : quoiqu'il nous manque la fin de la correspondance (une quinzaine de lettres ?), on peut remarquer que les cent vingt-quatre lettres que nous possédons se font de plus en plus longues, de plus en plus théoriques au fur et à mesure que l'on avance dans la lecture, puis la tendance s'inverse et les dernières lettres redeviennent plus brèves. Cet allongement quantitatif répond à l'approfondissement de l'enseignement dispensé, eu égard aux progrès personnels du disciple.

L'évolution interne à l'ouvrage devrait se lire également à travers les thèmes abordés de lettre en lettre. Mais la chose est complexe : on constate une forte récurrence des thèmes essentiels (attitude face à la mort et à la souffrance, détachement des biens fortuits...) qui, malgré des points de vue légèrement différents, passe pour une série de répétitions. C'est que la progression obéit surtout à un processus psychologique : Sénèque ne tient pas seulement compte de l'état des connaissances de l'élève, mais encore de son état d'esprit, de sa bonne volonté, de ses réticences. Il faut le persuader, le rappeler à l'ordre, soutenir ses efforts, revenir à la charge, saisir au vol le moment propice de reparler de tel ou tel sujet spécifique (l'ambition, les richesses, la retraite, les études, la notoriété...), susciter habilement une prise de conscience...

En somme, on pourrait dire que tout l'impact des *Lettres à Lucilius* s'inscrit dans une alternance de stabilisation et de déstabilisation : d'une part, Sénèque cherche à encourager les premiers pas de son ami vers le stoïcisme, d'autre part, il ne manque pas de le bousculer dans ses certitudes, ses habitudes ; ainsi, l'utilisation des citations épicuriennes dans les premières lettres est faite à la fois pour le déconcerter et pour l'entraîner : s'il est vrai que Lucilius nourrissait auparavant des convictions proches de celles du Jardin, son « directeur », fin pédagogue, trouve dans les maximes d'Épicure le point d'articulation qui favorisera le passage d'une philosophie à l'autre.

Sous couvert, en effet, de puiser dans le trésor des vérités communes, Sénèque en vient à opposer les deux options : contre l'analyse en surface de l'épicurisme (philosophie de la sensation, du plaisir, de l'instant, du hasard engendrant la nécessité), il affirme la profondeur stoïcienne (qui parle raison, vertu, plénitude, chaîne de causalité) et invite Lucilius à revenir à lui-même et à sa conscience par un mouvement d'intériorisation de la liberté individuelle (ou *autarcie*).

Ces citations se présentent, selon la formule convenue, sous la forme d'un « badinage » en fin de lettre jusqu'à la vingt-neuvième incluse dans laquelle Sénèque annonce sans préavis qu'il ne joindra plus à ses envois de tels « petits cadeaux ». Sur une réclamation de Lucilius, il s'en explique un peu plus tard dans la *Lettre 33* : il est temps de penser par soi-même. Lucilius a suffisamment progressé maintenant pour se faire confiance et tirer de ses propres lectures et réflexions des sentences à méditer. Les vingt-neuf premières lettres – traduites dans ce volume – constituent donc un premier groupe de lettres (réunies en trois livres dans la tradition manuscrite) qui se détachent en tête du recueil, comme une introduction au stoïcisme doublée d'une exhortation à la conversion philosophique (ou *protreptique*). Ce découpage formel est complété par un aspect thématique : chaque lettre étant un opuscule traitant d'un point particulier, la série recense les principales situations à vivre qui nécessitent une analyse critique suivie d'un changement de conduite. Il s'agit de commencer par installer le disciple dans une nouvelle attitude de vie. Sénèque part donc des faits de l'expérience quotidienne (le temps mal employé dans la

Lettre 1, la mauvaise influence de la foule et des spectacles romains dans la *Lettre* 7, le vieillissement dans la *Lettre* 12 et la place accordée à l'entretien de son corps dans la *Lettre* 15, par exemple) pour favoriser ce nécessaire retour à soi (le temps nous appartient s'il est bien employé, se tenir à l'écart de la foule est indispensable pour se préserver, la vieillesse est l'occasion d'assurer à l'âme sa prééminence sur le corps auquel on ne doit pas accorder plus d'importance qu'il ne le mérite, pour reprendre les lettres citées), sans passer encore par l'enseignement dogmatique proprement dit.

La raison et la fortune

Il faut se garder, cependant, d'étendre trop vite au contenu une interprétation « psychologisante » : selon leur dénomination latine, les *Lettres à Lucilius* sont des *epistulae morales* et, en ce sens, elles sont un traité de philosophie pratique ou, si l'on ose l'expression, de « métaphysique appliquée ». Chaque développement d'ordre moral, même le plus banal d'apparence, est lourd de sens parce qu'il est porté par une doctrine sous-jacente non encore dévoilée. C'est ainsi qu'à travers une causerie familière et des conseils privés apparaissent çà et là, placés à dessein, des mots et des notions relevant du vocabulaire stoïcien mais choisis et utilisés de telle sorte qu'ils participent également du langage courant : le terme *commodum* par lequel Sénèque traduit la notion technique de « préférable » élaborée par Chrysippe en fournit un bon exemple puisqu'il signifie aussi « avantage », « commodité » dans la langue de tous les jours.

D'autre part, pour changer d'attitude, il convient au préalable de modifier – ou de redresser – le fonctionnement de ses facultés intellectuelles, et les paroles du maître visent d'abord à amener l'élève à « ordonner » son intelligence (*componere mentem* dirait Sénèque) afin qu'elle demeure sous la domination infuse de la raison. Le philosophe entraîne donc Lucilius à un effort de *rationalisation de soi* qui lui permette de rationaliser sa perception du monde et son contact avec lui. Voilà pourquoi toute lettre se construit sur un conflit d'arguments de type diatribique, rationnel contre irrationnel, se résolvant parfois dans un paradoxe (le sage a besoin d'ami(s) même s'il n'a pas besoin d'ami(s) pour être heureux, démontre ainsi la *Lettre* 9). Toute lettre se développe dans un dialogue avec l'irrationalisé qui se nomme « fortune » au temps des Romains – non pour chercher à la réduire (l'homme n'a aucune prise sur son avenir) mais pour s'en affranchir. Toute lettre crée un système de rationalité critique et autocritique dans lequel elle fait entrer son lecteur.

Conjuguer raison et imagination

D'où la *Lettre* 24 qui propose un modèle en forme de *praemeditatio futurorum malorum* (ou entraînement à prévoir et à supporter les malheurs futurs). On y voit défiler quelques grandes figures historiques qui surent résister héroïquement aux pires situations. Il est remarquable que Sénèque, loin de revendiquer une quelconque originalité dans ces exemples, avoue puiser sans vergogne dans le répertoire traditionnel des écoles de déclamation. Or ni l'exemple final de Caton – héros stoïcien s'il en fut – se suicidant à Utique pour échapper aux armées de César triomphant, ni les autres personnages évoqués n'ont, à vrai dire, de rapport avec ce qui pourrait arriver à Lucilius, quels que soient l'étendue de ses ennuis et les risques qu'il encourt à cause d'un procès inquiétant. Quelles que soient même les menaces éventuelles (et que nous ignorons) de la tyrannie impériale, on est bien loin de la situation exceptionnelle que l'ultime défenseur de la République romaine a connue : au sens strict, jamais Lucilius n'aura l'occasion « d'imiter » Caton, et encore moins Mucius Scaevola s'infligeant une brûlure atroce sous les yeux du roi ennemi Porsenna.

On s'interroge à bon droit sur la validité de tels passages où Sénèque s'attarde sur les détails les plus pénibles (la main de Mucius se liquéfiant dans le feu jusqu'aux os). Nous devinons, pourtant, qu'il ne faut pas les réduire à l'anecdotique ou à l'ornemental : les borner à un souci « décoratif » fait, d'ailleurs, taxer régulièrement l'écrivain d'excès « baroques », voire de mauvais goût et de complaisance malsaine.

De fait, là se situe l'impact psychologique de la rhétorique sénéquienne, qui se superpose à la visée méthodologique : les *exempla* de la *Lettre* 24 – comme, dans le registre opposé, l'apologue ironique du nouveau riche qui fait apprendre à des esclaves la poésie grecque à sa place pour paraître cultivé (*Lettre* 27) – ont pour objet d'impressionner fortement l'imagination du lecteur. Car le but est double : il s'agit d'opérer une conversion de l'imaginaire autant que de l'intelligence afin que le disciple conçoive mais aussi se représente un rapport au monde différent. Le style « corrompu » (Quintilien voulait dire trop vif, haché, négligeant syntaxe et liaisons au profit de l'effet), l'art de la formule percutante comme la brutalité des images concourent à cela : la prise de conscience et le progrès philosophique passent par la sensibilité autant que par la rationalité.

Par suite, et on le voit dans l'ensemble des écrits philosophiques (dialogues, consolations, lettres), Sénèque procède à une réévaluation générale de l'émotion (*affectio*) qui ne saurait être confondue avec les manifestations de la passion (*affectus*). Les signes extérieurs de la timidité, par exemple, loin de nuire aux individus, garantissent, au contraire, chez eux, un « bon naturel », une bonne qualité de l'âme (*Lettre* 11). Mais, de même qu'il faut maîtriser ses désirs ainsi que l'aspiration au bien-être matériel ou à la réussite sociale (luxe, gloire), il convient de dominer ses émotions, moins pour les « modérer » – au sens aristotélicien du terme – que pour les canaliser, les faire passer elles aussi sous le joug de la raison : il y a une « manière » raisonnée de vivre les choses et de vivre avec elles (*modus rerum*), affirme la pensée stoïcienne, qui, seule, peut sauver de la complaisance, donc sauvegarder l'authenticité de l'être. Les exercices que propose le maître au disciple pour l'entraîner à se détacher des richesses, des affaires comme de ce qu'il mange ou du confort dont il jouit, les exemples cruels qu'il développe par ailleurs pour l'édifier, ont une fin commune : réconcilier l'homme avec lui-même en le faisant réfléchir sur ses « impressions », agréables ou désagréables. Ainsi se conjuguent intelligence et sensibilité au lieu de se contredire.

Vers un nouvel équilibre entre l'homme et le monde

En définitive, le travail auquel Sénèque s'est consacré, sa vie durant, apparaît gigantesque, à la mesure de l'œuvre prolifique qu'il nous a laissée. Dans la philosophie comme en politique, il constata la disparition de tous les points de repère idéologiques et moraux. À une époque où les valeurs de la République romaine sont tombées en désuétude, il comprit qu'il était nécessaire non de les retrouver (ce qui eût relevé d'un passéisme inutile), mais d'en recréer à nouveaux frais. Tant que la tâche lui sembla possible, Sénèque, homme d'État, ne cessa de favoriser la mise en place d'un nouvel ordre socio-idéologique, certes adapté aux réalités, mais visant à corriger les désordres injustes du Principat. Le moment de la retraite venu, lorsqu'il jugea que le contrôle des actes de Néron lui échappait désormais entièrement, il ne renonça pas à travailler, comme il le dit (*Lettre* 8), pour ses contemporains et pour la postérité.

Il n'entreprit rien moins, alors, que de resituer l'homme dans le monde et face au monde (tel est l'objet, à la fois scientifique et moral, des *Questions naturelles*), d'inventer un rapport à autrui original, purifié de tout asservissement (y concourent essentiellement les *Lettres à Lucilius*). Si l'homme se conçoit, en effet, comme un individu solitaire et sans défense (face au Pouvoir et au sort), un parmi tant d'autres, ballotté au gré des mouvements de la foule, il est perdu d'avance car il sombre dans une incertitude angoissée et stérile (*sollicitudo*). Si, en revanche, il parvient à équilibrer engagement et indépendance vis-à-vis du monde extérieur, quels qu'en soient les moyens, il apprendra à vivre dans une nouvelle solidarité. Il se peut que le règne d'un tyran empêche l'action publique. Se retirer et consacrer son loisir aux études n'est pas s'arrêter. En méditant, en écrivant, Sénèque ne cesse pas d'agir.

Dans les *Lettres*, il reprend et approfondit le contenu de ses ouvrages antérieurs, précise ou nuance les idées qui jalonnèrent sa pensée. Il les recentre aussi : l'être humain n'a jamais qu'un seul point de vue : le sien propre. Voilà pourquoi Sénèque, inlassablement, renvoie Lucilius à lui-même : référence fondamentale à la conscience individuelle, reconnaissance de la nature sensible de chacun, prééminence de la raison et restauration du jugement délivré des fluctuations de l'opinion, tels sont les principes de cet échange épistolaire fondé sur la recherche commune de la sagesse. En tous les cas, la solution est intérieure. Tout est à reconstruire, au premier siècle de l'Empire, et d'abord soi-même. Plutôt qu'une « science de l'existence », comme on a pu le prétendre (laquelle ne pourrait, sans doute, que manquer son objet), c'est un effort pour exister qu'il communique à son lecteur.

Face à l'absolu de la mort, cet effort serait-il vain ? Non, répond d'avance Sénèque, et prenons garde que le suicide ne résulte de quelque déviation philosophique (*Lettre* 24). Seulement on doit tâcher toujours de replacer la vie dans la perspective de la mort puis, en inversant le regard, replacer la mort dans la perspective de la vie. Aussi bien, après Montaigne, lisons-nous avec scepticisme ces grandes déclarations stoïques. Mais au commencement des *Lettres à Lucilius*, il s'agit de penser la mort pour repenser la vie. D'où la célèbre méditation sur le temps qui ouvre le volume. Sénèque y enjoint à son correspondant d'abandonner ses habitudes anciennes, plus tard il le pressera de quitter ses activités publiques : bref, il faut changer de vie pour se changer soi-même, renoncer pour renaître. Et « apprendre à mourir », c'est encore essayer de vivre.

Marie-Ange JOURDAN-GUEYER

NOTE SUR LA TRADUCTION

La traduction suit le texte latin de l'édition de L.D. Reynolds publiée par Clarendon (Oxford University Press, 1965). Elle s'est efforcée de respecter au plus près les formulations de l'auteur, en reprenant le plus systématiquement possible, en français, les mêmes mots ou des mots de la même famille pour traduire les termes techniques de la philosophie stoïcienne qui parsèment les *Lettres* et que Sénèque lui-même traduisait ou adaptait du grec. Ce maillage a rendu possible l'élaboration d'un index thématique qu'on trouvera en fin de volume.

Les alinéas ne font pas toujours sens : ils correspondent seulement à la numérotation traditionnelle des paragraphes.

M.-A. J.-G.

Lettres à Lucilius

LIVRE PREMIER

LETTRE 1

1   Fais-le, mon cher Lucilius : affirme ta propriété sur toi-même[1], et le temps que, jusqu'ici, on t'enlevait, on te soutirait ou qui t'échappait, recueille-le et préserve-le. Persuade-toi qu'il en va comme je l'écris : certains moments nous sont retirés, certains dérobés, certains filent. La perte la plus honteuse, pourtant, est celle que l'on fait par négligence. Veux-tu y prêter attention : une grande partie de la vie s'écoule à mal faire, la plus grande à ne rien faire, la vie tout entière à faire autre chose.

2   Quel homme me citeras-tu qui mette un prix au temps, qui estime la valeur du jour, qui comprenne qu'il meurt chaque jour ? C'est là notre erreur, en effet, que de regarder la mort devant nous : en grande partie, elle est déjà passée ; toute l'existence qui est derrière nous, la mort la tient. Fais donc, mon cher Lucilius, ce que tu écris que tu fais, embrasse toutes les heures ; de la sorte, tu dépendras moins du lendemain quand tu auras mis la main[2] sur l'aujourd'hui. Pendant qu'on la diffère, la vie passe en courant.

3   Toute chose, Lucilius, est à autrui, le temps seul est à nous ; c'est l'unique bien, fugace et glissant, dont la nature nous a confié la possession[3] : nous en chasse qui veut. Et si grande est la sottise[4] des mortels que les objets les plus petits et les plus vils, du moins remplaçables, ils supportent de se les voir imputés quand ils les ont obtenus, que nul ne se juge redevable en quoi que ce

soit pour avoir reçu du temps, alors que c'est le seul bien que, même reconnaissant, l'on ne peut rendre.

4   Sans doute demanderas-tu ce que je fais, moi qui te livre ces préceptes [5]. Je l'avouerai franchement : dans le cas d'un homme qui vit dans le luxe tout en étant minutieux, je tiens le compte de ma dépense. Je ne puis dire que je ne perde rien, mais je dirai ce que je perds, pourquoi et comment ; je rendrai raison de ma pauvreté. Mais mon cas est celui de la plupart des gens qui, sans que ce fût leur faute, ont été réduits à l'indigence : tout le monde leur pardonne, personne ne les secourt.

5   Alors quoi ? Je n'estime pas pauvre celui qui, si peu qu'il lui reste, en est satisfait ; toi, pourtant, je préfère que tu préserves tes biens et que tu commences au bon moment. Car, selon l'avis de nos ancêtres, il est « trop tard pour épargner quand on arrive au fond [6] » ; ce n'est pas seulement, en effet, la part la plus petite qui subsiste à la fin, mais la plus mauvaise. Porte-toi bien.

Notes

1. *Uindica te tibi*, expression juridique qui correspond à la procédure ainsi décrite par M. Villey : « Lorsqu'un tiers porte atteinte à sa propriété, le père de famille [...] entraîne son adversaire devant le magistrat, y fait porter aussi la chose dont il s'agit (ou, si c'est une terre ou une maison, quelque pierre ou motte de gazon représentative de la chose) et la saisissant de la main prononce la formule célèbre : *"Je dis que cette terre est mienne en vertu du droit des quirites."* [...] C'est l'action encore aujourd'hui désignée par le mot de "revendication" (*rei uindicatio*). » Voir *Le Droit romain*, PUF, « Que sais-je ? », n° 195, 1946, p. 80.
2. *Manum iniicere*, geste symbolique qui consiste à « mettre la main » sur quelque chose ou quelqu'un (un esclave) en signe de propriété. Voir note 1 ci-dessus.
3. On prendra garde de faire la différence entre *possession* et *propriété*. Le droit romain distingue, par exemple, une terre dont

on est effectivement propriétaire (*dominus*) d'un lopin relevant du domaine public mais dont la possession est « confiée » (*possessionem mittere*) par l'État à un cultivateur. Voir M. Villey, *Le Droit romain, op. cit.*, p. 86-87.

4. La sottise (*stultitia*) ou « déraison » est le mot technique qui s'oppose à la sagesse (*sapientia*) : elle caractérise le commun des mortels qui, ne vivant pas sous l'empire de la raison, reste dans l'erreur (*fallere*, se tromper), se livre à des actions mauvaises ou « honteuses » (*turpia*). Sénèque commence sa correspondance en y installant le vocabulaire de la vie non philosophique à laquelle il faut échapper.

5. Les *Lettres à Lucilius* donnent d'abord des conseils d'ordre pratique (*praecepta*) ; les exposés théoriques qui expliqueront les dogmes (*decreta*) de la philosophie stoïcienne viendront plus tard, quand l'élève sera déjà bien avancé dans sa nouvelle vie. Ces deux volets de la formation philosophique sont complémentaires et, tous deux, indispensables : voir les *Lettres* 94 et 95 qui analysent longuement cette complémentarité.

6. Cf. Hésiode, *Les Travaux et les Jours*, vers 369.

LETTRE 2

1   Ce que tu m'écris et ce que j'entends dire me donnent bon espoir à ton sujet : tu ne cours pas dans tous les sens ni ne troubles ton repos à force de changer de lieu. Une telle agitation est le fait d'une âme malade : la première preuve d'une intelligence ordonnée [1], c'est, à mon avis, de pouvoir s'arrêter et s'attarder avec soi.

2   Or prends garde qu'une telle lecture d'auteurs nombreux et de volumes en tout genre n'ait quelque chose d'errant et d'instable. Il faut s'attarder et se nourrir auprès de génies choisis si tu veux en tirer quelque chose qui demeure fidèlement dans l'âme. On n'est nulle part quand on est partout. À passer toute sa vie en voyage, voici ce qui arrive : on a beaucoup de chambres d'hôtes, aucune amitié ; le même sort attend nécessairement ceux qui, au lieu de s'attacher intimement à un génie, traversent toutes les œuvres en se hâtant de courir.

3   Ils ne profitent ni ne sont assimilés dans le corps les aliments que l'on rejette aussitôt avalés ; rien n'empêche autant de recouvrer la santé que de changer fréquemment de remède ; elle ne parvient pas à se cicatriser, la plaie où l'on ne fait qu'essayer les pansements ; elle ne reprend pas vigueur, la bouture qu'on transplante souvent ; rien n'est assez utile pour profiter au passage. Un grand nombre de livres disperse ; c'est pourquoi, comme tu ne peux en lire autant que tu pourrais avoir, il suffit d'en avoir autant que tu puisses en lire.

4 « Mais, dis-tu, tantôt je veux ouvrir ce livre, tantôt cet autre. » Goûter à beaucoup de plats est le fait d'un estomac blasé ; lorsque ce sont des mets différents et opposés, ils souillent[2], ne nourrissent pas. Lis donc toujours les auteurs éprouvés, et si l'envie t'a pris de faire un détour chez d'autres, reviens aux premiers. Procure-toi chaque jour un secours contre la pauvreté, un secours contre la mort ainsi que contre tous les autres fléaux ; et quand tu auras beaucoup parcouru, choisis un seul extrait à digérer ce jour-là.

5 C'est ce que je fais moi aussi ; entre plusieurs textes que j'ai lus, j'attrape quelque citation. Voici celle d'aujourd'hui que j'ai trouvée chez Épicure[3] (j'ai l'habitude, en effet, de passer aussi dans le camp d'autrui, non comme transfuge mais comme éclaireur) : « C'est une chose honorable, dit-il, qu'une pauvreté joyeuse[4]. »

6 En vérité, elle n'est pas pauvreté si elle est joyeuse ; ce n'est pas celui qui a peu mais celui qui désire plus qui est pauvre. Qu'importe, en effet, combien d'or gît dans ses coffres, combien de blé dans ses greniers, combien d'animaux il a au pâturage, ou d'argent placé, s'il convoite le bien d'autrui, s'il compte non ce qu'il a acquis mais ce qu'il doit acquérir ? Tu demandes quelle est la mesure de la richesse ? La première, posséder ce qui est nécessaire ; la deuxième, ce qui est suffisant. Porte-toi bien.

Notes

1. *Composita mens*, termes souvent traduits par « équilibre intérieur » ou « mental », ou encore par « esprit équilibré ». *Mens* est l'équivalent latin des mots grecs *nous* et *dianoia*. Le participe parfait *composita* décrit le bon état de l'intelligence (Sénèque dit aussi *bona mens*) quand elle est bien structurée, c'est-à-dire régie par la raison, ou partie directrice, *hêgemonikon*, de l'âme). De la sorte, le *logos* humain rejoint celui de la nature, *orthos logos* (raison droite).

2. Selon la tradition médicale antique. Cf. *Lettre* 95, par. 15 *sq.*, où Sénèque développe toute une théorie des « maladies de la civilisation », dues en grande partie au dérèglement de l'alimentation à Rome.

3. Épicure (341-270) est le fondateur du Jardin où il vivait, à Athènes, entouré de ses disciples, dans une sorte de communauté. Héritier de la physique atomiste de Démocrite, dans le domaine de la morale, il place le bonheur dans la satisfaction des besoins, à condition de réduire ceux-ci au minimum. Si le ou les plaisirs est le maître-mot de l'épicurisme à Rome (*uoluptates*), le stoïcisme lui oppose la vertu (*uirtus*) comme condition du bonheur.

Les citations d'Épicure qui terminent, en général, les vingt-neuf premières *Lettres à Lucilius* ne signifient pas que Sénèque ait un penchant pour l'épicurisme, bien au contraire : sans aucun doute considère-t-il Épicure comme l'un des rares sages ayant existé dans le passé, mais il ne cite de lui que des vérités morales communément admises, comme pour attaquer son correspondant du côté de son point faible. Il s'agit d'arracher Lucilius à l'épicurisme « hédoniste » en vogue à Rome pour l'amener peu à peu, par le biais de l'épicurisme originel, qui est ascétique, jusqu'à la doctrine stoïcienne.

4. Épicure, frg. 475 Usener.

LETTRE 3

1   Tu as remis des lettres pour qu'il me les apporte, comme tu l'écris, à « ton ami » ; puis tu me recommandes de ne pas le mettre dans la confidence de toutes les affaires qui te concernent, parce que tu n'as pas l'habitude, même toi, de le faire : ainsi, dans la même lettre, tu l'as nommé ami et tu as nié qu'il l'était. Ainsi donc, si tu t'es servi de ce mot de sens plein comme s'il était banal et si tu l'as appelé ami comme nous nommons tous les candidats « hommes bons », comme nous saluons par « Maître » les premiers venus dont le nom nous échappe, passons.

2   Mais si, à ton avis, est un ami quelqu'un auquel tu ne fais pas exactement autant confiance qu'à toi, tu fais une grave erreur et tu ne connais guère la portée de l'amitié vraie. Quant à toi, délibère sur toute chose avec un ami, mais sur lui-même d'abord : après l'amitié, on doit faire confiance, avant l'amitié, on doit juger. Ils inversent, quant à eux, l'ordre des devoirs, ceux qui, à l'encontre des préceptes de Théophraste [1], jugent une fois qu'ils ont aimé, et non pas aiment une fois qu'ils ont jugé. Réfléchis longtemps pour savoir si tu dois prendre quelqu'un en amitié. Une fois décidé, accueille-le de tout ton cœur ; parle-lui aussi hardiment qu'à toi-même.

3   Toi, en tout cas, vis de telle sorte que tu n'aies rien à te confier que tu ne puisses confier même à ton ennemi ; mais vu qu'interviennent des faits qu'il est d'usage de garder cachés, mets en commun avec ton ami tous tes soucis, toutes tes réflexions. Si tu le crois fidèle, tu le

rendras tel ; car certains ont enseigné à trahir en craignant de l'être, et ceux-là ont justifié la faute par leurs soupçons. Quelle raison y a-t-il pour que, moi, je retienne des paroles en présence de mon ami ? Quelle raison y a-t-il pour qu'en sa présence je ne me croie pas seul ?

4 Certains racontent aux premiers venus ce qui ne doit être confié qu'aux amis et se déchargent sur n'importe quelles oreilles de tout ce qui les brûle ; certains, en revanche, s'effraient de la conscience [2] de ceux qui leur sont même les plus chers et, disposés, s'ils le pouvaient, à ne pas même se fier à eux-mêmes, ils refoulent plus profondément tout secret. On ne doit faire ni l'un ni l'autre ; car l'un et l'autre sont un défaut, se fier à tout le monde comme à personne, mais je dirais que l'un est un défaut plus honorable, l'autre, plus sûr.

5 Ainsi tu réprouveras les deux sortes d'hommes, ceux qui se privent toujours de repos [3] comme ceux qui se reposent toujours. Car lorsqu'on se réjouit dans l'alarme, ce n'est pas de l'activité mais le va-et-vient d'une intelligence traquée, et ce n'est pas du repos quand on juge que tout mouvement est un poids, mais du relâchement et de la langueur.

6 C'est pourquoi ce que j'ai lu chez Pomponius [4] sera consigné dans notre âme : « Certains se sont si bien réfugiés dans leurs cachettes qu'ils croient qu'est dans le désordre ce qui n'est qu'à la lumière. » On doit entremêler ces deux états : quand on se repose, on doit agir et quand on agit, on doit se reposer. Délibère avec la nature : elle te dira qu'elle a fait et le jour et la nuit. Porte-toi bien.

Notes

1. Théophraste, frg. 74 Wimmer. Théophraste (vers 372-287), l'auteur des *Caractères*, fut le successeur d'Aristote au Lycée.

2. *Conscientiam* peut se traduire, au sens faible, par « complicité » (connivence ou connaissance partagée de quelque chose) ou, au sens fort, par « conscience » (tribunal moral).

3. Les *Lettres à Lucilius* se présentent d'abord comme une incitation à quitter la vie publique pour se consacrer au loisir studieux de la vie « contemplative » (voir J.-M. André, « *Otium*, retraite et conversion à la sagesse chez Sénèque... », in *Recherches sur l'otium romain*, Les Belles Lettres, 1962. Le vocabulaire du « repos » est donc extrêmement fréquent ainsi que son contraire et on les retrouvera tout au long des lettres :

– le repos (*quies*) s'oppose à l'alarme (*tumultus*) et à l'agitation ;

– le souci (*cura*) est répudié au profit de la « sécurité » (*securitas*, littéralement « absence de soucis ») ;

– le danger (*periculum*) auquel on s'expose est l'inverse de la vie « en sûreté » (*in tutum*) ;

– l'état de trouble de l'âme est générateur d'inquiétude ou d'angoisse (*sollicitudo*), qui s'oppose, enfin, à « cette assiette stable de l'âme, appelée en grec *euthumia*, sujet d'un remarquable ouvrage de Démocrite, et que j'appelle tranquillité », écrit Sénèque dans le *De tranquillitate animi*, II, 3 (trad. É. Bréhier, *Les Stoïciens*, Gallimard, « Bibliothèque de la Pléiade », 1962).

4. Deux poètes portent le nom de Pomponius : l'un est un auteur comique de la fin de la République, originaire de Bologne ; l'autre est un auteur tragique de l'époque de Claude, dit Pomponius Secundus.

LETTRE 4

1   Persévère comme tu as commencé et hâte-toi autant que tu peux afin de pouvoir jouir plus longtemps d'une âme amendée et ordonnée. Tu en jouis, bien entendu, déjà dans le temps même où tu l'amendes, dans le temps même où tu l'ordonnes ; autre, pourtant, est le plaisir que l'on éprouve à contempler son intelligence pure de toute tache et resplendissante.

2   Tu gardes en mémoire, n'est-ce pas, la grande joie que tu as ressentie lorsque tu as dépouillé la prétexte pour revêtir la toge virile et que tu as été escorté jusqu'au forum : attends-toi à une joie plus importante lorsque tu auras dépouillé ton âme d'enfant et que la philosophie t'aura inscrit au rang des hommes. Jusque-là, en effet, subsiste non pas l'enfance, mais, ce qui est plus grave, un infantilisme ; et, bien entendu, c'est pire, du fait que nous possédons l'autorité des vieillards, les défauts des enfants, et pas seulement des enfants, mais des tout-petits : les premiers s'effraient de petites choses, les seconds de choses fausses, nous, des deux à la fois.

3   Progresse seulement : tu comprendras que certains objets doivent être d'autant moins craints qu'ils suscitent beaucoup de peur. Aucun mal n'est grand quand il est le dernier. La mort vient vers toi : elle serait à craindre si elle pouvait rester avec toi : nécessairement ou elle n'arrive pas, ou elle passe.

4   « Il est difficile, dis-tu, d'amener son âme à mépriser la vie qui l'anime [1]. » Ne vois-tu pas pour quelles raisons

frivoles on la méprise ? L'un s'est pendu au lacet devant la porte de sa maîtresse, un autre s'est jeté du haut d'un toit pour ne plus entendre son maître manifester son humeur, un autre, en fuite, pour ne pas être repris, s'est enfoncé une lame dans le ventre : ne crois-tu pas que la vertu accomplira ce qu'a accompli une frayeur excessive ? Nul ne peut connaître une vie exempte de soucis s'il pense trop à la prolonger, s'il met au nombre des grands biens de vivre sous de nombreux consuls [2].

5   Entraîne-toi [3] chaque jour à pouvoir, d'une âme égale, abandonner la vie que bien des gens tiennent serrée dans leurs bras comme on s'accroche aux ronces et aux rochers quand on est emporté par un torrent. La plupart sont ballottés misérablement entre la peur de la mort et les tourments de la vie, et, tout en ne voulant pas vivre, ils ne savent pas mourir.

6   Aussi, rends-toi la vie agréable en dépouillant toute inquiétude pour elle. Aucun bien n'aide son possesseur si son âme n'a pas été à l'avance préparée à le perdre ; or rien n'est plus facile à perdre que ce que l'on ne peut regretter d'avoir perdu. Donc, contre ces malheurs qui peuvent arriver aux hommes même les plus puissants, exhorte-toi et endurcis-toi.

7   Pompée, ce furent un mineur et un eunuque qui le condamnèrent à mort [4] ; Crassus, le Parthe cruel et susceptible [5] ; Gaius César ordonna à Lépide d'offrir sa nuque au tribun Dexter [6] ; lui-même la tendit à Chéréas [7] ; la fortune [8] n'a élevé personne si haut qu'elle ne l'ait pas menacé autant qu'elle lui avait permis. Ne va pas te fier à la tranquillité présente : instantanément la mer est retournée ; le même jour où les bateaux jouaient, ils sont engloutis.

8   Pense qu'un voleur, qu'un ennemi peuvent te mettre l'épée sous la gorge ; en l'absence d'un pouvoir plus grand, il n'est pas un esclave qui n'ait sur toi droit de vie et de mort. Je l'affirme : quiconque méprise sa vie est maître de la tienne. Récapitule les exemples de ceux qui

ont péri dans un piège tendu dans leur propre maison, soit à découvert, soit par ruse : tu comprendras que la colère des esclaves n'a pas abattu un plus petit nombre d'hommes que celle des rois. Aussi que t'importe le degré de puissance de celui que tu crains, puisque ce pourquoi tu le crains, tout un chacun en est capable ?

9 En revanche, si par hasard tu tombes dans les mains d'ennemis, le vainqueur ordonnera de te conduire... là où, de toute façon, tu seras conduit. Pourquoi t'abuser toi-même et ne comprendre qu'à partir de maintenant ce que tu subissais de longue date ? Je l'affirme : depuis que tu es né, tu y es conduit. Voilà le genre de pensées qu'il faut retourner dans son âme si nous voulons attendre dans le calme cette heure ultime dont la peur prive toutes les autres de repos.

10 Mais pour mettre fin à ma lettre, reçois ce qui m'a plu aujourd'hui – et cela encore a été pris aux petits jardins d'autrui[9] : « C'est une grande richesse que la pauvreté ordonnée selon la loi de la nature[10]. » Or cette loi de la nature, sais-tu quelles bornes elle nous fixe ? Ne pas avoir faim, ne pas avoir soif, ne pas avoir froid. Pour chasser faim et soif, il n'est pas nécessaire d'assiéger le seuil des Grands ni de subir leur sourcil grave et même leur insultante humanité, il n'est pas nécessaire d'affronter les mers ni de rejoindre les casernes : ce dont la nature a besoin est disponible et servi.

11 C'est pour des biens superflus qu'on transpire ; ce sont eux qui usent la toge, qui nous contraignent à vieillir sous la tente, qui nous jettent sur les rivages étrangers : à portée de la main est ce qui suffit. Celui qui s'adapte bien à la pauvreté est riche. Porte-toi bien.

LIVRE PREMIER, LETTRE 4

Notes

1. Jeu de mots entre *animus* (souffle au sens « spirituel » du terme) et *anima* (en tant que souffle vital).

2. Ce qui signifie vivre longtemps, chaque année passée étant désignée par le nom des consuls (dits éponymes) élus pour la période.

3. L'entraînement à la mort (*meditatio mortis*, traduction du grec *meletê thanatou*) est le premier souci philosophique et, par suite, l'exercice spirituel fondamental : voir P. Hadot, *Exercices spirituels et philosophie antique*, Études augustiniennes, 1981, rééd. A. Michel, 2002.

4. Pompée, vaincu à Pharsale, tenta de se réfugier en Égypte, mais le jeune roi Ptolémée, encore mineur, soutenu par son ministre, l'eunuque Pothinos, le fit assassiner avant même qu'il ne débarquât (en 48 av. J.-C.).

5. Crassus mourut lors d'une expédition contre les Parthes (en 53 av. J.-C.).

6. Lépide est, ici, un favori de Caligula (Gaius César) ; devenu son beau-frère, ce dernier le fit condamner pour avoir participé à une conjuration.

7. Chéréas, tribun militaire, humilié à maintes reprises par Caligula, « fut le premier, parmi les conjurés, à lever le bras sur l'empereur » : voir son histoire contée par Sénèque dans le *De constantia sapientis* (18) et par Suétone dans *Caligula*, LVI.

8. *Fortuna* (en grec *tuchê*), le principal personnage, pourrait-on dire, des *Lettres à Lucilius* comme des autres ouvrages de Sénèque : elle représente le hasard aveugle, injuste et jaloux, frivole et inconstant, qui distribue aux hommes les biens fortuits dont ils profitent, mais qui peuvent leur être retirés d'un moment à l'autre. La fortune est donc le contraire de la Providence, toujours bienveillante, quoique impénétrable à la majorité des humains, agissant selon la raison universelle (le *logos* de la nature, qui est infaillible). À Rome et sous le règne des Césars, elle se confond avec l'arbitraire du Prince. C'est la seule notion abstraite que Sénèque, par ailleurs, représente sous la forme d'une allégorie distribuant à la volée ses faveurs comme l'empereur ses libéralités.

9. C'est-à-dire de nouveau au Jardin d'Épicure.

10. Épicure, frg. 477 (cf. *Lettre* 27, 9), et 200 Usener (cf. *Lettre* 119, 7).

LETTRE 5

1   Que tu étudies avec acharnement et que tu renonces à toute chose pour n'en faire qu'une seule : te rendre meilleur chaque jour, je l'approuve et m'en réjouis, et non seulement je t'encourage à persévérer mais encore je te le demande. Mais je te recommande de ne pas agir à la manière de ceux qui désirent non progresser mais attirer les regards, en te faisant remarquer par ton comportement ou ton genre de vie.

2   Évite d'avoir une mise repoussante, les cheveux longs, la barbe trop négligée, une aversion déclarée pour l'argenterie, un lit posé à terre ainsi que tout autre détail qui rejoint la prétention par une route détournée. Le nom de philosophie, à lui seul, est suffisamment mal vu, même si on la pratique avec mesure : qu'en sera-t-il si nous commençons à nous écarter de l'usage des hommes ? À l'intérieur, que toute chose soit différente, que notre apparence s'adapte aux gens.

3   Que notre toge ne resplendisse pas, qu'elle ne soit pas sale non plus ; ne possédons pas d'argenterie incrustée d'or massif, mais ne croyons pas que se passer d'or et d'argent soit un signe de sobriété. Faisons en sorte d'adopter une vie meilleure que le vulgaire, non une vie contraire : autrement, nous faisons fuir et détournons de nous ceux que nous voulons amender ; nous obtenons aussi ce résultat, qu'ils ne veulent rien imiter de nous, par crainte de devoir tout imiter.

4   Ce que promet d'abord la philosophie, ce sont le sens commun, l'humanité et la vie en société[1] ; être différents nous séparera de cette promesse. Veillons à ce que ces attitudes par lesquelles nous voulons gagner l'admiration ne soient pas ridicules et odieuses. De toute façon, notre projet est de vivre selon la nature : il est contre nature de torturer son corps, d'avoir en aversion les simples soins de toilette, de rechercher la crasse et de se nourrir d'aliments non seulement grossiers mais infects et dégoûtants.

5   De même qu'avoir besoin de raffinements relève du goût du luxe, de même fuir les objets courants et disponibles sans grands frais relève de la démence[2]. C'est la sobriété qu'exige la philosophie, non une punition ; or la sobriété peut ne pas se passer de peigne ! Voici la mesure qui me plaît : que la vie soit un dosage[3] de bonnes mœurs et de celles de tout le monde ; que tous lèvent les yeux vers notre vie mais qu'ils la reconnaissent.

6   « Quoi donc ? Nous ferons les mêmes choses que tous les autres gens ? Il n'y aura aucune différence entre eux et nous ? » Si, une énorme : que l'on sache que nous sommes différents du vulgaire après nous avoir examinés de plus près ; celui qui entrera chez nous nous admirera davantage que notre mobilier. Grand est celui qui se sert de terre cuite comme si c'était de l'argenterie, mais n'est pas plus petit celui qui se sert de l'argenterie comme si c'était de la terre cuite ; c'est la marque d'une âme faible de ne pas pouvoir endurer la richesse.

7   Mais, pour partager avec toi le petit bénéfice de ce jour aussi, j'ai trouvé chez notre Hécaton[4] que mettre fin aux désirs remédie encore efficacement à la crainte : « Tu cesseras, dit-il, de craindre, si tu as cessé d'espérer[5]. » Tu demanderas : « Comment de tels sentiments si opposés vont-ils ensemble ? » Oui, mon cher Lucilius : contradictoires en apparence, ils sont reliés. Comme une même chaîne unit le prisonnier et le soldat, ainsi ces sentiments

qui sont si différents marchent ensemble : la peur suit l'espérance.

8   Et je ne m'étonne pas de les voir aller ainsi : l'un et l'autre relèvent d'une âme tenue en suspens, l'un et l'autre, d'une âme qui s'inquiète dans l'attente du futur. Or la cause principale des deux est que nous ne sommes pas ajustés au présent mais que nous projetons nos pensées loin en avant ; c'est pourquoi la prévoyance, le plus grand bien de la condition humaine, s'est tournée en mal.

9   Les animaux fuient à la vue du danger ; après s'être enfuis, ils ne se font plus de souci ; nous, nous sommes torturés et par l'avenir et par le passé. Beaucoup de nos biens nous nuisent ; le souvenir ramène, en effet, le tourment de la crainte, la prévoyance l'anticipe ; nul n'est malheureux seulement à cause du présent. Porte-toi bien.

Notes

1. Les trois aspects qui fondent la vie en société :
– le sens commun (*sensus communis*, en grec « sens naturel » : *ennoia sumphutos* ou *phusikê* est « dans tous les hommes un certain sens naturel qui, lorsqu'ils n'ont pas quelque défaut marqué dans l'esprit, fait qu'ils entendent également tout ce qu'on leur propose » (Épictète, *Entretiens*, III, 8, trad. J. Brun, *Les Stoïciens*, textes choisis, PUF, 1957, rééd. 2003) ;
– l'humanité (*humanitas*, en grec *philanthrôpeia*) désigne la bienveillance que chaque homme témoigne naturellement envers son semblable et qui le porte vers lui. Aussi bien convient-il de retrouver l'homme en soi, ce qui est proprement humain ayant été dénaturé (cf. *Lettre 7*, 3) ;
– l'instinct de vie en société (*congregatio*, littéralement « regroupement »). Cf. *Lettre 88*, 30.

2. *Dementia*, ou « déraison », intelligence non régie par la raison – finalement synonyme de « sottise » (*stultitia* ; voir note 4 de la *Lettre 1*).

3. « Doser » se dit *temperare* : c'est le verbe qui exprime le mieux chez Sénèque le calcul de la juste mesure (*modus rerum*) et il correspond à la vertu de tempérance (*temperantia*).

4. Hécaton de Rhodes, disciple de Panétius (fin du IIe siècle av. J.-C.). Cf. *Lettre 9*.

5. Hécaton, frg. 25 Fowler.

LETTRE 6

1   Je comprends, Lucilius, non seulement que je m'amende mais que je me transforme ; non que je promette déjà ou que j'espère qu'il ne reste rien en moi à changer : comment n'aurais-je pas bien des traits que j'ai le devoir de reprendre, d'atténuer, de développer ? Et la preuve justement qu'une âme s'est améliorée, c'est qu'elle voit ses défauts que jusque-là elle ignorait ; on félicite certains malades d'avoir pris conscience par eux-mêmes qu'ils étaient malades.

2   C'est pourquoi je désirerais partager avec toi le changement si soudain de moi-même ; alors je commencerais à avoir plus sûrement confiance en notre amitié, la vraie, que ni l'espérance, ni la crainte, ni le souci de l'intérêt personnel ne mettent en pièces, celle avec laquelle les hommes meurent, pour laquelle ils meurent.

3   Je t'en citerai beaucoup qui n'ont pas manqué d'ami mais d'amitié : ceci ne peut arriver lorsqu'une égale volonté de désirer des choses honorables [1] entraîne les âmes à s'associer. Comment ne serait-ce pas impossible ? Elles savent, en effet, qu'elles-mêmes ont tout en commun, et surtout l'adversité. Ton âme ne peut concevoir quelle impulsion je vois les jours, l'un après l'autre, m'apporter.

4   « Envoie-moi aussi, demandes-tu, ces pensées que tu as jugées par expérience si efficaces. » Pour ma part, je désire tout transvaser en toi et je ne me réjouis d'apprendre une chose que pour l'enseigner ; et je n'en savourerai aucune, si extraordinaire et salutaire soit-elle, quand je serai destiné

à la savoir pour moi seul. Si la sagesse m'était donnée à cette réserve près que je la tienne enfermée et que je ne la communique pas, je la rejetterais : aucun bien n'est agréable à posséder si l'on n'y associe personne.

5 C'est pourquoi je t'enverrai les livres eux-mêmes, et afin de t'éviter la peine de chercher partout les passages qui te profiteront, j'apposerai des marques pour que tu arrives tout de suite à ceux précisément que j'approuve et admire. Plus, pourtant, que le discours écrit te profiteront la parole vivante et la compagnie ; il faut que tu viennes sur place, d'abord parce que les hommes se fient davantage à leurs yeux qu'à leurs oreilles, ensuite parce que long est le chemin qui passe par les préceptes, court et efficace celui qui passe par les exemples.

6 Cléanthe n'aurait pas exprimé la pensée de Zénon [2] s'il s'était borné à l'écouter : il participa à sa vie, il pénétra ses secrets, il l'observa pour savoir s'il vivait selon sa doctrine. Platon et Aristote [3], et toute la foule des sages [4] qui devaient aller en s'opposant tirèrent plus des mœurs de Socrate que de ses paroles ; si Métrodore, Hermarque et Polyen [5] devinrent de grands hommes, ce n'est pas d'avoir été à l'école d'Épicure mais d'avoir été ses camarades. Et si je te fais venir, ce n'est pas seulement dans le but que tu progresses mais que tu me fasses progresser ; nous nous apporterons, en effet, énormément l'un à l'autre.

7 En attendant, puisque je te dois un petit salaire journalier, je te dirai ce que j'ai savouré aujourd'hui chez Hécaton : « Tu demandes, dit-il, quel progrès j'ai fait ? J'ai commencé à être l'ami de moi-même [6]. » Il a beaucoup progressé : il ne sera jamais seul. Sache qu'il existe, cet ami, pour tous les hommes. Porte-toi bien.

Notes

1. L'honorable (*honestum*) est l'équivalent du *to kalon* platonicien que les Romains ont répugné à traduire par un adjectif signifiant littéralement « beau », séparant en quelque sorte la notion de « beau moral » de toute réflexion sur le plaisir ou le désir. Étymologiquement lié à *honos* (« honneur », mais aussi « charge », « magistrature » relevant des institutions romaines), il saute aux yeux que le mot est fortement marqué d'une connotation sociale. Son antonyme est *turpe* (« honteux », « laid moralement »).
2. Zénon de Citium (336-264 av. J.-C.) fonda l'école du Portique vers 300 av. J.-C. Cléanthe (331-232), dont il nous reste le célèbre « Hymne à Zeus », en prit la direction à la mort de Zénon.
3. Anachronisme : si Platon (vers 427-vers 347 av. J.-C.) connut évidemment Socrate (470-399), Aristote (384-322), né quinze ans après la mort de ce dernier, fut, lui, l'élève direct de Platon.
4. Les « sages » sont ici les philosophes qui fondèrent des écoles après Socrate, comme Aristippe (cyrénaïque), Antisthène (cynique), Euclide (mégarique)...
5. Trois des plus célèbres disciples d'Épicure (voir Diogène Laërce, 10, 20 *sq.*). Sénèque cite à plusieurs reprises dans ses lettres Métrodore, l'élève préféré du Maître, et Hermarque, qui succéda à Épicure à la tête de l'école (voir en particulier la *Lettre* 52, 4).
6. Hécaton, frg. 26 Fowler.

LETTRE 7

1   Tu demandes ce que tu devrais décider avant tout d'éviter ? La foule. Tu ne t'y confieras pas encore avec sûreté. Quant à moi, du moins, j'avouerai ma faiblesse : je n'en rapporte jamais les mœurs que j'y ai portées ; quelque chose de ce que j'ai ordonné est troublé, quelque chose des maux que j'ai mis en fuite revient. Ce qui arrive aux malades qu'un long état de faiblesse a tant éprouvés qu'ils ne peuvent être sortis nulle part sans dommage, se produit pour nous dont les âmes relèvent d'une longue maladie.

2   La fréquentation du grand nombre est notre ennemie : il y a toujours quelqu'un pour nous faire valoir quelque vice, ou l'imprimer en nous, ou, à notre insu, nous en imprégner. De manière générale, plus grande est la masse des gens à laquelle nous nous mêlons, plus il y a de danger. En vérité, rien ne fait autant de tort aux bonnes mœurs que de rester assis à quelque spectacle ; c'est alors que par l'intermédiaire du plaisir les vices s'insinuent plus facilement.

3   Qu'est-ce que je veux dire, d'après toi ? Je reviens plus cupide, plus prétentieux, plus dépendant du luxe. Pire en vérité : plus cruel et plus inhumain pour avoir été parmi les hommes. Je suis tombé par hasard sur le spectacle de midi [1], m'attendant à des jeux, à des plaisanteries, à quelque divertissement qui repose les yeux des hommes du sang humain. C'est le contraire : tous les combats précédents n'étaient que pitié. Maintenant qu'on a

renoncé aux bouffonneries, ce sont de purs homicides. Ils n'ont rien pour se protéger ; leurs corps tout entiers exposés aux coups, ils n'envoient jamais leur bras en vain.

4   La plupart des gens préfèrent cela aux duels ordinaires et à leurs vedettes. Comment ne pas les préférer ? Pas de casque, pas de bouclier pour repousser le fer. À quoi bon des protections ? À quoi bon la technique ? Tout cela ne fait que retarder la mort. Le matin, c'est aux lions et aux ours qu'on jette les hommes, à midi, c'est à leurs propres spectateurs ! Ils ordonnent de jeter les tueurs à ceux qui les tueront et réservent le vainqueur pour un autre massacre ; l'issue, c'est la mort des combattants. La chose s'accomplit au fer et au feu. Voilà ce qui se fait quand l'arène est vide.

5   « Mais Untel a commis un vol, a tué un homme. » Et alors ? Parce qu'il a tué, il a mérité ce châtiment : toi, qu'as-tu mérité, malheureux, pour le regarder ? Tue, fouette, brûle ! Pourquoi être si lâche à courir sur le fer ? Pourquoi être si peu hardi à tuer ? Pourquoi mourir si peu de bon gré ? Qu'on le frappe pour le pousser à se faire blesser, qu'ils se donnent des coups mutuels sur leurs poitrines nues et offertes ! C'est l'entracte : en attendant, que des hommes soient égorgés, juste pour faire quelque chose ! Allons, vous ne comprenez même pas que les mauvais exemples retombent sur ceux qui les donnent ! Rendez grâces aux dieux immortels d'enseigner à être cruel à quelqu'un qui ne peut l'apprendre [2].

6   On doit dérober à la masse des gens une âme tendre et peu attachée à ce qui est droit : on passe facilement du côté du plus grand nombre. Socrate, Caton, Lélius [3], la multitude qui ne leur ressemblait pas, aurait pu ébranler leur mode de vie : à plus forte raison, aucun d'entre nous qui sommes précisément en train de nous agencer le caractère, ne peut supporter l'assaut des vices quand ils arrivent avec une si grande escorte.

7   Un seul exemple de luxe ou de cupidité fait beaucoup de mal : un convive raffiné ôte le nerf et amollit peu à peu, un voisin riche excite la convoitise, un méchant compagnon, si candide et simple soit celui à qui il s'est frotté, y dépose sa rouille : qu'arrive-t-il, selon toi, à de telles mœurs lorsque la collectivité leur a donné l'assaut ?

8   Nécessairement ou tu imiteras ou tu détesteras. Or l'un et l'autre sont à éviter. Ne te fais pas semblable aux mauvais parce qu'ils sont en nombre, ne te fais pas non plus l'ennemi du nombre parce qu'il ne te ressemble pas. Rentre en toi-même autant que tu peux ; fréquente ceux qui te rendront meilleur, accueille ceux que tu peux, toi, rendre meilleurs. Ces services sont mutuels et les hommes apprennent en enseignant.

9   Il n'y a pas de raison que la gloire de faire connaître au public ton talent te conduise sur le devant de la scène, à vouloir leur faire des lectures ou des conférences ; ce que je voudrais que tu fasses, si tu avais pour cette masse de gens une marchandise adaptée : il n'est personne qui puisse te comprendre. Il se trouvera quelqu'un peut-être – un ou deux – et cet homme-ci, tu devras le former et l'éduquer à la compréhension de toi-même. « Pour qui donc ai-je appris ces choses ? » Il n'y a pas de raison de craindre d'avoir perdu ta peine si tu as appris pour toi.

10   Mais pour ne pas avoir appris pour moi seul aujourd'hui, je partagerai avec toi trois phrases qui se présentent à moi, remarquablement dites, presque de même sens. Avec l'une d'elles cette lettre paiera son dû, reçois-en deux à titre d'avances. Démocrite[4] dit : « Un seul homme vaut pour moi la masse des gens, et la masse des gens en vaut un seul[5]. »

11   Il a bien parlé, celui-là aussi, quel qu'il fût (car on hésite sur l'auteur), quand on lui demanda à quoi visait une si grande minutie dans une science destinée à n'atteindre que très peu de gens : « J'ai assez, dit-il, de peu de gens, assez d'un seul homme, assez d'aucun. »

Remarquablement dit, ce troisième mot d'Épicure lorsqu'il écrivait à l'un de ses camarades d'études : « Ces choses, moi, je ne les dis pas à beaucoup de gens, mais à toi ; car nous sommes l'un pour l'autre un assez grand théâtre [6]. »

12   Ces phrases, mon cher Lucilius, tu dois les enfouir dans ton âme afin de mépriser le plaisir qui vient de l'assentiment du plus grand nombre. Beaucoup font ton éloge : as-tu de quoi te plaire à toi-même, si tu es homme à te faire comprendre de beaucoup ? Que tes biens regardent vers l'intérieur. Porte-toi bien.

Notes

1. Avant midi, on assistait à une *uenatio* ou série de combats contre les bêtes féroces (voir par. 4). Puis le spectacle était interrompu pour permettre au public d'aller manger. Au lieu d'intermèdes comiques (voir par. 3), on faisait alors se battre entre eux non plus des professionnels mais des prisonniers qui avaient été condamnés à mort (voir par. 5) : contraints et forcés, ils étaient poussés au combat sans arme autre qu'une épée, au besoin à coups de fouet et au fer rouge (voir par. 4).

2. Dans cette phrase, on décèle traditionnellement (depuis Juste Lipse et Muret) une allusion à Néron. D'après Suétone (*Néron*, 12, 2), lors de jeux organisés au début du règne – peut-être sous l'influence de Sénèque –, « il ne laissa tuer personne, même parmi les condamnés ». Si cette identification est justifiée, la leçon morale de la *Lettre* 7 se double d'une signification politique.

3. Après Socrate, figure par excellence de la sagesse grecque, viennent deux noms illustres de l'histoire romaine : le premier évoque – plutôt que Caton d'Utique – Caton le Censeur (234-149), célèbre pour l'austérité de ses mœurs et son intransigeance politique ; le second, Lélius (IIe siècle av. J.-C.), ami de Scipion Émilien, surnommé *Sapiens* (sage) par ses contemporains, représente une sagesse plus humaine et, partant, plus accessible. Les deux personnages apparaissent dans l'œuvre de Cicéron : voir le traité *De senectute*, dit *Cato Maior*, et le traité *De amicitia* dont Lélius est le héros.

4. Démocrite d'Abdère (IVe siècle av. J.-C.), premier représentant de la physique atomiste et, dans le domaine de la morale, précurseur, peut-on dire, d'Épicure.
5. Démocrite, frg. 302a Diels-Kranz.
6. Épicure, frg. 208 Usener.

LETTRE 8

1   « C'est toi qui m'ordonnes, dis-tu, d'éviter la foule, de me retirer et de me contenter de ma conscience ? Où sont ces préceptes qui sont les vôtres, commandant de mourir dans l'action ? » Quoi ? Je te semble, moi, conseiller l'inertie ? Si je me suis caché et si j'ai fermé ma porte, c'est dans le but de pouvoir être profitable à plus de gens. Pas un seul jour ne s'est écoulé pour moi dans le loisir ; une partie de mes nuits, j'en donne la propriété à l'étude ; je ne me libère pas pour faire place au sommeil, j'y succombe et je retiens sur l'ouvrage mes yeux qui se ferment, fatigués de veiller.

2   Je me suis retiré non seulement loin des hommes mais des affaires, à commencer par mes propres affaires : je travaille à celles de la postérité. Je rédige des choses qui puissent lui être profitables ; je consigne dans mes écrits des recommandations de santé, comme des formules de médication utile dont j'ai éprouvé l'efficacité sur mes plaies qui, encore qu'elles ne soient pas complètement guéries, ont cessé de s'étendre.

3   J'indique à autrui le droit chemin que j'ai reconnu sur le tard et las d'errer[1]. Je crie : « Évitez tous les biens qui plaisent au vulgaire, que le hasard attribue ; devant tout bien fortuit arrêtez-vous, remplis de soupçon et d'effroi : le gibier et le poisson aussi sont dupés par quelque espérance qui les amuse. Vous pensez que ces objets sont des cadeaux de la fortune ? Ce sont des pièges. N'importe lequel d'entre vous qui voudra passer sa vie en sûreté

évitera le plus possible ces bienfaits pleins de glu qui, pour notre plus grand malheur, nous trompent aussi par ce leurre : nous croyons les posséder, nous y sommes collés.

4 Cette course conduit au précipice ; la fin de cette vie qui fait saillie, c'est de tomber. Puis, il n'est même pas permis de résister lorsque la chance[2] s'est mise à nous faire dévier, ou, du moins, de couler à pic ou d'un seul coup : la fortune ne retourne pas mais fait chavirer et fracasse.

5 Tenez-vous-en donc à cette forme de vie saine et salutaire, de ne complaire à votre corps que pour autant qu'il suffit à une bonne santé. On doit le traiter plutôt durement de peur qu'il n'obéisse mal à l'âme : que la nourriture apaise la faim, que la boisson étanche la soif, que le vêtement préserve du froid, que la maison soit une défense contre les intempéries. Qu'elle ait été construite avec du gazon[3] ou en pierre multicolore venue de l'étranger, peu importe : sachez qu'un homme est aussi bien protégé par le chaume que par l'or. Méprisez tout ce qu'un effort superflu place comme ornement et décoration ; pensez qu'il n'est rien d'admirable sauf l'âme, que rien n'est grand pour elle quand elle est grande. »

6 Si je destine ces paroles à moi-même, si je les destine à la postérité, est-ce que je ne te semble pas plus profitable que lorsque je descendais (au forum) pour comparaître comme défenseur[4], ou quand j'apposais (le sceau de) mon anneau sur les tablettes d'un testament[5], ou quand, au Sénat, j'appuyais de la voix et du geste un candidat ? Crois-moi : ceux qui semblent ne rien faire font de plus grandes choses : ils traitent à la fois des choses humaines et divines.

7 Mais déjà je dois finir et dépenser quelque argent comme je l'ai établi, pour cette lettre. Cela ne se fera pas sur mes fonds : c'est encore Épicure que nous pillons, lui dont j'ai aujourd'hui lu cette parole : « Il faut que tu sois

l'esclave de la philosophie pour obtenir la liberté vraie[6]. » Il n'y a pas un jour de délai quand on s'est assujetti et livré à elle : on tourne aussitôt sur soi-même[7] ; car, être esclave de la philosophie, voilà justement la liberté.

8   Il se peut que tu me demandes pourquoi je cite tant de phrases bien dites par Épicure plutôt que celles des nôtres : quelle raison as-tu, cependant, toi, de penser que ces paroles appartiennent à Épicure, non pas à tout le monde ? Combien de poètes disent ce que les philosophes soit ont dit, soit devraient dire ! Je ne toucherai pas aux Tragiques ni à nos pièces en toge[8] (car elles ont, elles aussi, quelque chose de sévère et se situent au milieu, entre comédies et tragédies) : quelle quantité de vers très significatifs se trouvent parmi les mimes[9] ! Combien de mots de Publilius devraient être dits non par des acteurs déchaussés mais en cothurnes[10] !

9   Je ne te citerai qu'un vers de lui, qui concerne la philosophie et précisément la partie qui était tout à l'heure entre nos mains, quand il déclare que les biens fortuits ne doivent pas compter dans notre avoir :

10   *Appartient à autrui tout ce que des souhaits font survenir*[11].

Je me souviens que tu as exprimé cette idée de façon bien meilleure et plus resserrée :

N'est pas tien ce que la fortune a fait tien.

Je n'oublierai pas que tu l'as exprimée encore mieux[12] :

Bien qui a pu être donné peut être enlevé[13].

Ceci, je ne l'impute pas à mon règlement : je te le donne sur tes fonds. Porte-toi bien.

Notes

1. C'est dans le *De uita beata* (chap. XVII) que Sénèque fait lui-même la critique de sa vie dans un réquisitoire imaginaire. Voir note suivante.

2. Le mot *felicitas* est traduit dans ces pages, par commodité mais de manière approximative, tantôt par « chance » tantôt par « bonheur ». Est dit, en effet, « heureux » (*felix*) tout homme qui jouit d'une haute position sociale, d'une grande aisance matérielle et de la faveur du Prince. Ce « bonheur » correspondrait à ce qu'il est convenu d'appeler de nos jours la réussite sociale, à cette réserve près, d'un point de vue philosophique, qu'il ne dépend absolument pas de la volonté individuelle mais des bienfaits que la Fortune, déesse imprévisible, distribue au hasard. Il ne saurait être confondu avec le véritable bonheur qui procure au sage une joie profonde (*gaudium*), stable et dépourvue de toute inquiétude ; et il est à l'opposé de la « vie heureuse » (*uita beata*) que décrit Sénèque dans le traité du même nom. À rapprocher des explications de Descartes : « il est besoin de savoir ce que c'est que *uiuere beate* ; je dirais en français vivre heureusement, sinon qu'il y a de la différence entre l'heur et la béatitude, en ce que l'heur ne dépend que des choses qui sont hors de nous, d'où vient que ceux-là sont estimés plus heureux que sages, auxquels il est arrivé quelque bien qu'ils ne se sont point procuré, au lieu que la béatitude consiste, ce me semble, en un parfait contentement d'esprit et une satisfaction intérieure, que n'ont pas ordinairement ceux qui sont le plus favorisés de la fortune, et que les sages acquièrent sans elle » (Lettre à la princesse Élisabeth du 4 août 1645).

3. Type de pauvres maisons construites en « briques » de gazon.

4. On « descendait » des collines de Rome pour se rendre au forum, lieu des activités judiciaires.

5. Les testaments, pour être validés, devaient recevoir le sceau des témoins (qui se portait en bague).

6. Épicure, frg. 199 Usener.

7. Il s'agit de la procédure traditionnelle d'affranchissement : le maître, tenant l'esclave par la main droite, le faisait tourner sur lui-même en récitant une formule toute faite – procédure dite de la *manumissio*.

8. Les comédies en toge (*togatae*) étaient des pièces imitées du grec mais traitant d'un sujet et avec des personnages romains : les acteurs y portaient donc la toge.

9. Les mimes étaient des divertissements populaires qui, en général, parodiaient les légendes mythologiques. Ils étaient donc *parlés*, au contraire des pantomimes. Publilius Syrus était un célèbre auteur de mimes.

10. Chaussures grecques surélevées que portaient les tragédiens tandis que les acteurs comiques, « déchaussés », ne portaient que des *socques*, genre de chaussons ou chaussures basses.

11. Publilius, A1 Meyer.

12. Le talent littéraire de Lucilius est loué par Sénèque pour sa concision sentencieuse : voir *Lettres* 24, 21 ; 59, 4-5.

13. Lucilius Junior, frg. 1 et 2, p. 362-363 Baehrens.

LETTRE 9

1   Tu aimerais savoir si Épicure a ou non raison de réprouver dans une lettre [1] ceux qui disent que le sage se contente de lui-même et, de ce fait, n'a pas besoin d'ami. Ce reproche est fait à Stilbon [2] par Épicure, et à ceux qui sont d'avis [3] que le souverain bien réside dans une âme impassible [4].

2   Nous tombons inévitablement dans l'ambiguïté si nous voulons traduire *apatheia* à la va-vite par un seul mot, en disant « impassibilité [5] » ; il se pourra, en effet, que l'on comprenne le contraire de ce que nous voulons exprimer. Quant à nous, nous voulons parler de celui qui repousse toute sensation de douleur ; on entendra : celui qui ne pourrait connaître de douleur. Vois donc s'il n'est pas plus satisfaisant de dire soit « âme invulnérable », soit « âme placée en dehors de toute souffrance [6] ».

3   La différence entre eux et nous, c'est que notre sage remporte, bien sûr, la victoire sur toute espèce d'incommodité mais il la ressent ; le leur ne la ressent même pas. Le point commun entre eux et nous, c'est que le sage se contente de lui-même. Mais pourtant il veut posséder un ami, un proche, un camarade, bien que lui-même se suffise.

4   Vois combien il se contente de lui : parfois il ne se contente que d'une partie de lui. Si une maladie ou un ennemi lui retranche une main, si quelque accident lui fait perdre un œil ou même les deux yeux, les membres qui lui restent le satisferont et il sera, avec un corps diminué et amputé, aussi joyeux qu'il l'était, le corps intact ; mais,

tout en ne regrettant pas les parties qui lui manquent, il préférerait qu'elles ne manquent pas.

5   Si le sage se contente de lui, ce n'est pas qu'il veut être sans ami mais qu'il le peut ; et quand je dis « peut », cela signifie : il supporte, l'âme égale, de l'avoir perdu. Il ne restera, bien sûr, jamais sans ami : il est en son pouvoir de s'en refaire au plus vite. Comme Phidias qui, s'il voit une statue détruite, en fera tout de suite une autre, ainsi, cet expert dans l'art de se faire des amitiés remplacera par une autre celle qu'il a perdue.

6   Tu demandes comment il se fera si vite un ami ? Je le dirai, si toi et moi convenons que je te paie sur-le-champ ce que je dois et que pour le règlement de cette lettre nous soyons quittes. Hécaton dit : « Je t'indiquerai, moi, un philtre d'amour sans drogue, sans herbe, sans aucune incantation magique : si tu veux être aimé, aime [7]. » Or ce qui comporte un grand plaisir, ce n'est pas seulement d'entretenir une amitié, vieille et sûre, c'est encore de commencer et d'en acquérir une nouvelle.

7   La différence qu'il y a entre un paysan qui récolte et celui qui sème, c'est celle qu'il y a entre celui qui s'est acquis un ami et celui qui est en train de l'acquérir. Le philosophe Attale [8] avait l'habitude de dire qu'il était plus agréable de se faire un ami que d'en avoir un, « comme pour un artiste, il est plus agréable de peindre que d'avoir peint ». Cette inquiétude accaparée par son œuvre comporte un amusement immense dû à l'accaparement même : il n'en éprouve pas autant, celui qui a écarté sa main de l'œuvre achevée. Désormais il jouit du fruit de son art ; il jouissait de l'art même tandis qu'il peignait. L'adolescence porte plus de fruits, chez les enfants, mais leur premier âge a plus de douceur.

8   Maintenant retournons à notre projet. Le sage, encore qu'il se contente de lui, veut pourtant avoir un ami, ne serait-ce que pour exercer son amitié, afin qu'une vertu si grande ne reste pas inactive, non dans le but dont parlait

Épicure précisément dans cette lettre : « pour avoir quelqu'un qui s'asseye auprès de lui quand il est malade, qui lui porte secours quand il est jeté dans les fers ou privé de ressources [9] », mais pour avoir quelqu'un auprès de qui lui-même s'asseye quand il est malade, qu'il libère lui-même quand des ennemis le gardent prisonnier. Celui qui ne regarde que lui et, pour cette raison, s'engage dans une amitié, pense mal. Il finira comme il a commencé : il s'est procuré un ami destiné à lui prêter appui contre les fers ; au premier cliquetis de chaînes, il s'en ira.

9   Ce sont amitiés que le peuple appelle « de circonstances » ; qui a été choisi par intérêt plaira aussi longtemps qu'il présentera un intérêt. Voilà pourquoi ceux qui prospèrent se voient entourés d'une foule d'amis ; autour de ceux qui sont ruinés [10], c'est le désert, et les amis s'enfuient dès lors qu'ils sont mis à l'épreuve ; voilà pourquoi il y a un tel nombre d'exemples sacrilèges : les uns vous abandonnent par peur, les autres vous trahissent par peur. Nécessairement les débuts et la fin se correspondent : celui qui commence à devenir ami parce que cela l'arrange, appréciera un gain qui va contre l'amitié, si, en elle, il apprécie quoi que ce soit en dehors d'elle-même.

10   « Dans quel but te procures-tu un ami ? » Pour avoir quelqu'un pour qui je puisse mourir, pour avoir quelqu'un que je suive en exil, à la mort de qui je m'oppose et me dépense : ce que tu décris, toi, c'est une relation d'affaires – non une amitié – qui va vers ce qui est commode, qui regarde ce qu'elle obtiendra.

11   Sans doute y a-t-il quelque ressemblance entre l'amitié et la passion amoureuse ; tu pourrais dire qu'elle est la folie de l'amitié. Arrive-t-il donc que l'on aime par goût du lucre ? par ambition ou par gloire ? L'amour lui-même, à lui seul, négligeant tout autre objet, enflamme les âmes du désir de la beauté non sans l'espoir d'un

attachement réciproque. Quoi donc ? Une passion honteuse se forme à partir d'une cause plus honorable qu'elle ?

12 « Il ne s'agit pas, dis-tu, pour l'instant, de savoir si l'amitié doit être ou non recherchée pour elle-même. » Mais si, c'est avant tout ce que l'on doit prouver ; car, si elle doit être recherchée pour elle-même, peut aller vers elle celui qui se contente de lui-même. « Comment donc va-t-il vers elle ? » Comme vers une chose très belle, sans être pris par le goût du lucre ni terrorisé par les variations de la fortune ; on retire à l'amitié sa majesté, quand on se la procure pour profiter de bonnes occasions.

13 « Le sage se contente de lui. » Cette phrase, mon cher Lucilius, la plupart des gens l'interprètent de travers : ils écartent le sage de partout et le confinent à l'intérieur de sa peau. Or on doit distinguer le sens et la portée de cette parole : le sage se contente de lui pour vivre heureux, non pour vivre ; dans ce dernier cas, en effet, il a besoin de beaucoup de choses, dans le premier, seulement d'une âme saine, redressée et regardant de haut la fortune.

14 Je veux aussi t'expliquer la distinction que fait Chrysippe[11]. Il dit que le sage ne manque de rien et, cependant qu'il a besoin de beaucoup de choses, « au contraire du sot qui n'a besoin de rien (car il ne sait se servir de rien) mais manque de tout[12] ». Le sage a besoin de mains, d'yeux, et de nombreux ustensiles nécessaires dans la vie quotidienne, il ne manque de rien ; car manquer relève de la nécessité, rien n'est nécessaire au sage.

15 Donc, quoiqu'il se contente de lui-même, il a besoin d'amis ; il désire en avoir le plus possible, non pas pour vivre heureux ; car il vivra heureux même sans amis. Le souverain bien ne demande pas de moyens à l'extérieur ; il se cultive à domicile, il vient tout entier de soi ; il commence à être assujetti à la fortune s'il demande au-dehors une partie de soi.

16 « Quelle est, cependant, la vie qui attend le sage, s'il se trouve abandonné sans amis, qu'il ait été jeté en prison ou bien isolé en pays étranger, ou bien retenu dans une longue navigation, ou échoué sur une rive déserte ? » Elle sera comme celle de Jupiter, lorsque, une fois le monde dissous et les dieux confondus en un seul être, la nature se relâche un peu, il se repose, livré à lui-même dans ses pensées [13]. Le sage fait quelque chose comme cela : il se cache en lui-même, il reste avec lui-même.

17 Tant que, bien entendu, il lui est permis d'arranger ses affaires selon son propre jugement, il se contente de lui et prend femme ; il se contente de lui et a des enfants ; il se contente de lui et, cependant, il ne saurait vivre s'il était destiné à vivre sans son semblable. Ce qui le porte à l'amitié, ce n'est aucun intérêt personnel, mais un instinct naturel ; car, comme il en existe en nous pour d'autres relations, il existe une douceur innée de l'amitié. De même qu'il existe une aversion pour la solitude et une recherche de la vie en société, de même que la nature concilie l'homme avec l'homme [14], de même il existe dans cette relation-là aussi un aiguillon pour nous faire rechercher des amitiés.

18 Néanmoins, bien qu'il aime énormément ses amis, bien qu'il les assimile à lui, les préfère souvent, il fixera les limites de tout bien à l'intérieur de lui-même et dira ce qu'a dit Stilbon (le Stilbon que la lettre d'Épicure critique) : sa patrie avait été prise, il avait perdu ses enfants, perdu sa femme, et comme il sortait de l'incendie général seul et pourtant heureux, Démétrius (celui qui fut surnommé « Poliorcète » à cause des villes qu'il avait anéanties) [15] lui demanda s'il n'avait rien perdu : « tous mes biens, répondit-il, sont avec moi [16] ».

19 Voilà un homme courageux et résolu ! C'est la victoire même de son ennemi qu'il a vaincue. « Je n'ai rien perdu », répondit-il : il l'a contraint à douter de sa victoire. « Tout ce qui est à moi est avec moi » : justice,

vaillance, prudence, le fait justement de croire que rien n'est un bien de ce qui peut nous être retiré[17]. Nous admirons certains animaux qui passent au travers des flammes sans atteinte corporelle : combien plus admirable est cet homme qui, passant par l'épée, les ruines et les flammes, en a réchappé sans blessure ni dommage ! Vois-tu combien il est plus facile de vaincre une nation tout entière plutôt qu'un seul homme ? Cette phrase, il la partage avec le stoïcien : pareillement lui aussi porte ses biens intacts à travers des villes réduites en cendres ; car de lui lui-même se contente ; il circonscrit son bonheur dans cette frontière.

20   Ne va pas penser que nous sommes les seuls à proclamer de nobles paroles, le détracteur de Stilbon en personne, Épicure, a énoncé une phrase semblable à la sienne, juge-la bonne à prendre, toi, même si pour ce jour je suis déjà en règle. « Si l'on ne s'estime pas comblé, dit-il, par ce que l'on a, serait-on le maître du monde tout entier, on est malheureux[18]. » Ou encore, si cela te semble mieux exprimé de cette manière (car nous devons faire en sorte de ne pas être asservis aux mots mais aux idées : « Est malheureux celui qui ne se juge pas pleinement heureux, serait-il souverain du monde. »

21   Or, pour que tu saches que ces idées appartiennent au sens commun, dictées évidemment pas la nature, tu trouveras chez un poète comique :

N'est pas heureux celui qui ne croit pas l'être.

Qu'importe, en effet, quelle est ta situation, si tu l'estimes mauvaise ?

22   « Quoi donc, dis-tu, s'il se dit heureux, celui qui s'est enrichi honteusement, celui qui est le maître de beaucoup mais l'esclave de plus encore, se rendra heureux sur sa propre déclaration ? » Ce n'est pas ce qu'il dit mais ce qu'il ressent[19] qui importe, et ce n'est pas ce qu'il ressent un seul jour, mais continûment. Or il n'y a pas lieu de redouter qu'une si grande chose arrive à qui en est

indigne : seul le sage sait apprécier ce qui est à lui ; toute espèce de sottise souffre de l'ennui de soi. Porte-toi bien.

Notes

1. Épicure, frg. 174 Usener.
2. Stilbon, ou plutôt Stilpon, vécut à la fin du IVe siècle av. J.-C. Il dirigea l'école mégarique à la suite d'Euclide de Mégare, son fondateur, puis de Thrasymaque. Lui-même subit l'influence des cyniques. Il eut Zénon comme disciple et le forma à la dialectique, d'après Diogène Laërce (II, 113 *sq.*).
3. Cyniques, mégariques et stoïciens.
4. Impassible : *impatiens*.
5. Impassibilité : *impatientia*.
6. En dehors de toute souffrance : *extra omnem patientiam*. Sénèque, après Cicéron, s'efforce de faire passer en latin les notions philosophiques grecques. Mais, alors que Cicéron cherche à créer une langue philosophique en conférant à certains mots une spécialisation technique, Sénèque, lui, préfère trouver des équivalents dans la langue courante même s'il est gêné par sa pauvreté (voir *Lettre 58*).
7. Hécaton, frg. 27 Fowler.
8. Attale est le maître stoïcien dont Sénèque, adolescent, suivit les cours avec ardeur (voir *Lettre 108*). Aussi le cite-t-il souvent de mémoire dans son œuvre. Il enseignait à Rome sous Tibère mais en fut expulsé par Séjan (d'après Sénèque le Père, *Suasoriae*, 2, 12).
9. Épicure, frg. 175 Usener.
10. Ceux qui prospèrent (*florentes*), ceux qui sont ruinés (*euersos*) : les deux termes désignent les positions sociales et économiques correspondantes mais sous-entendent nécessairement la faveur ou la défaveur du Prince dont elles dépendent.
11. Chrysippe (280-210) dirigea le Portique après Zénon et Cléanthe. Auteur prolifique (il aurait écrit plus de sept cents ouvrages, d'après Diogène Laërce), il passe pour avoir donné sa véritable assise théorique au stoïcisme. Voir l'ouvrage de É. Bréhier, *Chrysippe et l'ancien stoïcisme*, PUF, 1951, rééd. 1971.
12. Chrysippe, frg. mor. 674 Arnim.

13. Chrysippe, frg. phys. 1065 Arnim. Description rapide du moment qui, selon la doctrine, succède à l'embrasement du monde (*ekpurôsis*), où la nature suspend son activité en attendant d'être reconstituée. Jupiter, ou Zeus, seul dieu incorruptible, s'identifie au Destin ou à la Providence : explication de Chrysippe (SVF, II, 1061 *sq.*, Arnim).

14. On saisit ici précisément l'intérêt philosophique de ce long développement sur l'amitié : il s'agit de démontrer qu'il n'y a pas contradiction entre la nature sociable de l'homme, tournée vers autrui, et l'autarcie revendiquée pour le sage. Que celui-ci « se contente de lui », tout en ayant besoin d'un ami, reflète l'effort original de Sénèque pour *intérioriser* l'autarcie, conçue non plus seulement « comme l'indépendance de l'homme en face des choses extérieures, mais comme l'indépendance de la conscience qui trouve en elle-même le souverain bien » (J. Blänsdorf, « L'interprétation psychologique de l'*autarkeia* stoïcienne chez Sénèque », in *Présence de Sénèque*, Actes du colloque de l'université de Tours, Touzot, 1991, p. 86).

15. La patrie de Stilbon est donc Mégare, incendiée par Démétrius, fils du roi Antigone, l'un des lieutenants d'Alexandre le Grand (IIIe siècle av. J.-C.). Son surnom grec « Poliorcète » signifie « assiégeur de villes ».

16. La même anecdote est contée par Sénèque dans le *De constantia sapientis* (5 et 6), où il donne la parole à Stilbon en une longue prosopopée pour démontrer qu'une telle grandeur d'âme n'est pas impossible. Voir aussi Diogène Laërce (II, 115).

17. Sénèque ne cite ici que trois des vertus cardinales : *iustitia*, *uirtus* (pour *fortitudo*, le courage), *prudentia*. Manque la tempérance (*temperantia* ou *moderatio*) à laquelle est substituée une périphrase qui infléchit sévèrement le sens de la quatrième vertu.

18. Épicure, frg. 474 Usener.

19. Variations autour du verbe *sentire* (déjà employé au par. 3) et de l'expression *sensus communes* (traduite aux par. 20 et 21 par « idées ») – ce sont les « notions communes » chères aux stoïciens, en grec *koinai ennoiai*). *Sentire* signifie « percevoir » par les sens ou par l'intelligence, au sens de « se rendre compte », « avoir conscience de ».

LETTRE 10

1   C'est ainsi, je ne change pas d'avis : fuis le grand nombre, fuis le petit nombre, fuis même l'homme seul. Je n'ai personne avec qui je voudrais te voir en relation. Et vois quel jugement je porte sur toi : j'ose te confier à toi. Cratès [1], à ce qu'on raconte, disciple justement de ce Stilbon dont j'ai fait mention dans ma lettre précédente, voyant un tout jeune homme se promener à l'écart, lui demanda ce qu'il faisait là-bas seul. « Je parle, répondit-il, avec moi-même. » Cratès lui répliqua : « Prends garde, je t'en prie, et fais bien attention : c'est avec un homme mauvais que tu parles. »

2   Nous gardons à vue, d'habitude, qui est en deuil, qui vit dans la crainte, afin qu'ils ne fassent pas mauvais usage de la solitude. Il n'est personne parmi les hommes dénués de prudence qui doive être abandonné à soi-même ; c'est alors qu'ils méditent de mauvais desseins, qu'ils bâtissent des plans qui seront dangereux soit pour les autres soit pour eux-mêmes, qu'ils rangent en ordre de bataille leurs désirs malhonnêtes ; c'est alors que tout ce que leur âme dissimulait soit par peur soit par honte, elle l'étale, qu'elle aiguise leur audace, qu'elle excite leur sensualité, qu'elle aiguillonne leur irascibilité [2]. Finalement, l'unique commodité que comporte la solitude, de ne faire aucune confidence à quiconque, de ne pas craindre un indicateur, est perdue pour le sot : lui-même se trahit. Vois donc ce que j'espère de toi, mieux, ce dont je me porte garant (car l'espérance est le nom d'un bien

incertain) : je ne trouve personne avec qui je préférerais que tu sois plutôt qu'avec toi.

3   Je me remémore avec quelle grande âme tu as lancé certaines affirmations, de combien de vigueur elles étaient remplies ; je m'en suis tout de suite félicité et j'ai dit : « Ces propos ne sont pas venus du bout des lèvres, ces paroles ont un fondement ; cet homme n'est pas n'importe quel individu, il vise à la santé. »

4   Parle comme cela, vis comme cela ; veille à ce que rien ne te rabaisse. Tes vœux anciens, tu peux bien en faire grâces aux dieux, formules-en d'autres, complètement nouveaux : demande une bonne intelligence, une bonne santé de l'âme, puis seulement celle du corps. Pourquoi ne ferais-tu pas souvent, toi, de tels vœux ? Demande au dieu avec audace : tu ne lui demanderas rien qui dépende d'autrui.

5   Mais, selon ma coutume, j'enverrai ma lettre accompagnée d'un petit cadeau ; elle est vraie, la pensée que j'ai trouvée chez Athénodore[3] : « Sache que tu seras délivré de tous les désirs dès lors que tu seras parvenu à ne rien demander au dieu que tu ne puisses demander ouvertement. » De nos jours, en effet, quel degré atteint la démence[4] des hommes ! Ils chuchotent aux dieux les vœux les plus honteux ! Si quelqu'un prête l'oreille, ils se tairont, et ce qu'ils ne veulent pas qu'un homme sache, ils le racontent au dieu ! Vois donc si l'on ne peut énoncer ce précepte de manière salutaire : vis avec les hommes comme si le dieu te voyait, parle avec le dieu comme si les hommes t'entendaient. Porte-toi bien.

Notes

1. Cratès, disciple de Diogène le Cynique. Contemporain et ami de Stilbon. Zénon aurait compté parmi ses élèves.

2. Les individus dépourvus de prudence (*imprudentes*) perdent du même coup les trois autres vertus qui lui sont solidaires : la justice est supplantée en eux par l'excitation malsaine de la partie irascible (*iracundia*), le courage par l'audace (*audacia*) et la tempérance par la sensualité débridée (*libido*). Voir lettre précédente (9, 19) et la note correspondante.

3. On peut se référer à deux personnages connus sous ce nom : Athénodore Cordylion, ami de Caton d'Utique, et, de préférence, Athénodore de Tarse, fils de Sandon, qui fut le maître d'Auguste. Voir P. Grimal, « Auguste et Athénodore », *Revue des études anciennes*, 47, n° 3, 1945, et 48, 1946. C'est lui, semble-t-il, dont Sénèque expose puis réfute la thèse du désengagement politique dans le *De tranquillitate animi*, III, 1-8 ; IV, 1 ; VI, 8.

4. *Dementia* : c'est-à-dire l'inverse de la « bonne intelligence » (*bona mens*) à laquelle il faut tendre (voir *Lettre* 5, 5, et la note correspondante).

LETTRE 11

1   Ton ami m'a parlé ; il a de bonnes dispositions : en lui, quelle force d'âme il y a, quel caractère, quel progrès même déjà, une première conversation l'a montré. Il m'a donné un avant-goût de ce qu'il deviendra ; car il a parlé sans préparation et pris à l'improviste. Lorsqu'il se ressaisissait, il avait peine à se débarrasser de sa timidité, bon signe chez un jeune homme ; surtout que s'est répandue sur ses traits une rougeur qui venait du tréfonds. Celle-ci, je le présume, même quand il se sera affermi et qu'il se sera dépouillé de tous ses défauts, le suivra, une fois devenu sage. Nulle sagesse, en effet, n'élimine les défauts naturels du corps ou de l'âme : tout ce qui est ancré et congénital est atténué par l'exercice sans être vaincu.

2   Certains, et des plus constants, se couvrent de sueur sous le regard du public, exactement comme lorsqu'on est harassé, mourant de chaleur, certains ont les genoux qui tremblent au moment de parler, certains ont les dents qui claquent, la langue qui hésite, les lèvres qui frémissent : ces défaillances, on ne s'en débarrasse jamais ni par l'apprentissage ni par la pratique, et la nature exerce sa puissance en donnant un avertissement même aux plus robustes au moyen de ce défaut-là qui lui est propre.

3   Parmi elles, je sais qu'il y a la rougeur qui se répand tout d'un coup jusque sur les traits des personnages les plus imposants. Elle apparaît, bien sûr, davantage chez les jeunes gens qui ont le sang plus chaud et le front

tendre ; néanmoins, elle touche les vétérans[1] comme les vieillards. Certains ne sont jamais plus à craindre que lorsqu'ils ont rougi, comme s'ils avaient répandu au-dehors toute leur timidité.

4 Sylla[2] devenait extrêmement violent dès que le sang avait envahi sa face. Rien n'était plus impressionnable que le visage de Pompée ; jamais il ne se présentait devant un certain nombre de gens sans rougir, en particulier dans les assemblées. Fabianus[3], un jour qu'il avait été introduit au Sénat comme témoin, je me souviens l'avoir vu rougir et cette pudeur lui convenait à merveille.

5 Ce phénomène n'est pas dû à une faiblesse de l'intelligence mais à la nouveauté d'une situation qui, même si elle n'ébranle pas ceux qui n'y sont pas exercés, les émeut quand ils y sont enclins par une prédisposition naturelle de leur corps ; c'est que certains ont un sang de bonne qualité tandis que certains l'ont agité, mobile et prompt à monter au visage.

6 Ces défaillances, je l'ai dit, nulle sagesse ne les chasse : autrement, elle tiendrait la nature sous son empire, si elle supprimait tous les défauts. Tous ceux qu'attribuent la condition de naissance et le tempérament physique, quand l'âme aura travaillé beaucoup et longuement à se mettre en ordre, y resteront attachés ; on ne peut interdire aucun d'eux pas plus que les faire venir.

7 Les artistes qui, sur scène, imitent les passions, qui reproduisent la peur et le tremblement, qui représentent la tristesse, imitent la timidité par ce genre d'indice. En effet, ils courbent la tête, parlent à voix basse, fixent les yeux à terre et les gardent baissés : ils ne peuvent reproduire la rougeur sur eux-mêmes. On ne l'empêche ni ne la provoque. Contre ces défaillances la sagesse ne fait aucune promesse, n'obtient aucun progrès : elles sont autonomes, viennent sans en avoir reçu l'ordre, s'en vont sans en avoir reçu l'ordre.

8   Déjà ma lettre réclame une conclusion. En voici une, utile, bien sûr, et salutaire, que je veux que tu graves dans ton âme : « Notre affection doit élire un homme bon et le tenir toujours sous nos yeux afin que nous vivions comme s'il nous regardait et que nous agissions en toute chose comme s'il nous voyait [4]. »

9   Ce précepte, mon cher Lucilius, c'est Épicure qui l'a énoncé ; il nous a donné un gardien et un pédagogue, et ce n'est pas sans raison : on supprime une grande partie des fautes s'il se trouve un témoin auprès de ceux qui vont les commettre. Que l'âme ait quelqu'un qu'elle respecte, dont l'autorité lui serve à rendre plus sacrée jusqu'à sa vie secrète. Heureux celui dont non seulement la présence mais encore la pensée nous amende ! Heureux celui qui peut respecter quelqu'un de telle sorte qu'il se mette en ordre et s'arrange à son seul souvenir ! Qui peut respecter quelqu'un de la sorte se rendra vite respectable.

10   Choisis donc Caton [5] ; s'il te semble trop rigide, choisis Lélius, personnage à l'âme plus détendue. Choisis celui dont te plaît la vie comme le langage, et jusqu'à la physionomie qui reflète son âme ; montre-le-toi toujours soit comme gardien soit comme exemple. Nous avons besoin, je le répète, de quelqu'un auquel nos mœurs s'ajustent elles-mêmes : tu ne corrigeras ce qui est tordu [6] qu'à la règle. Porte-toi bien.

Notes

1. Mot du langage militaire (« vieux soldats ») employé ici au sens élargi d'homme de métier, d'expérience.
2. Le célèbre dictateur du Ier siècle av. J.-C., qui fut maître de Rome en 82 après en avoir chassé son rival, Marius. Exemple type de cruauté que cite plusieurs fois Sénèque, notamment dans le *De ira* (II, 2, 3 ; II, 34, 5 ; III, 18, 1). Sylla, d'après Plutarque (*Vie de Sylla*, 2), avait la figure rouge tachée de blanc.

3. Papirius Fabianus fut un rhéteur, puis un philosophe célèbre, de tendance néopythagoricienne, formé à l'école de Sextius le Père. Il enseigna sous Tibère, fut alors l'un des maîtres de Sénèque, probablement vers 20-25 apr. J.-C., et il l'aurait influencé dans son goût pour les études sur la nature (dont les ouvrages, mis à part les *Questions naturelles*, ont disparu). Sénèque fait d'ailleurs souvent l'éloge de son éloquence et de son style (voir en particulier la *Lettre* 40, 12, et surtout la *Lettre* 100 qui lui est entièrement consacrée).

Le « je me souviens » qui introduit ici l'anecdote suggère que Sénèque entra au Sénat avant la mort de Tibère, sans doute vers 34-35 apr. J.-C. Pour ces problèmes de datation, voir P. Grimal, *Sénèque ou la Conscience de l'Empire*, Les Belles Lettres, 1978 ; réed. Fayard, 1991, p. 80-81 et 259-261.

4. Épicure, frg. 210 Usener.

5. Voir *Lettre* 7, 6, et la note correspondante. On retrouve ici le couple de vieux sages romains, dont l'un est sans doute Caton le Censeur et l'autre le fameux Lélius, loué pour sa sagesse pleine de modération.

6. Au couple bon/mauvais (*bonum/malum*) se superpose le couple droit/tordu (*rectum/prauum*), et Sénèque en profite souvent pour développer l'image originelle sous-jacente à ces adjectifs.

LETTRE 12

1   Où que je me tourne, je vois des preuves de ma vieillesse. J'étais arrivé dans ma propriété de banlieue et je me plaignais des dépenses à faire pour le bâtiment en train de se délabrer. Le régisseur m'affirme que ce n'est pas la faute de sa négligence, qu'il fait tout (le nécessaire), mais que la villa est vétuste. Cette villa a grandi entre mes mains : quel avenir m'attend, si des pierres de mon époque sont si abîmées ?

2   En colère contre lui, je saisis la première occasion de manifester mon humeur. « Il est visible, dis-je, que ces platanes sont négligés : ils n'ont plus de feuilles. Comme leurs branches sont noueuses et desséchées, comme leurs troncs sont tristes et pelés ! Cela ne se produirait pas si on bêchait tout autour, si on les arrosait. » Il jure par mon génie [1] qu'il fait tout, qu'il ne relâche en rien ses soins mais que ces arbres sont un peu vieux. Entre nous, c'est moi qui les ai plantés, c'est moi qui ai vu leur première frondaison.

3   M'étant tourné vers la porte : « Qui est celui-là, dis-je, ce vieux décrépit ? On a eu raison de le rapprocher de l'entrée, car il a déjà les pieds devant [2] ! Où as-tu fait cette trouvaille ? Quelle joie d'aller enlever un mort chez les autres [3] ? » Mais lui : « Tu ne me reconnais pas ? dit-il, c'est moi, Félicion, à qui tu avais l'habitude d'apporter des statuettes [4] ; c'est moi, le fils du régisseur Philositus, ton petit préféré ! » « Il délire complètement, celui-là, dis-je, le voilà petit garçon, et mon préféré encore ! » C'est tout à fait possible : surtout que les dents lui tombent.

4   Je le dois à ma propriété de banlieue : ma vieillesse[5] m'est devenue visible où que je me sois tourné. Embrassons-la et aimons-la. Elle est pleine de plaisir si on sait l'utiliser. Plus exquis sont les fruits au moment de se perdre, plus grande est la grâce de l'enfance à son terme. Ceux qui s'adonnent au vin jouissent de la dernière coupe, celle qui les noie, qui met la dernière main à leur ivresse.

5   Ce que comporte de plus agréable en lui tout plaisir, il le reporte dans sa propre fin. Plus agréable est l'âge qui déjà décline, non pourtant d'une chute précipitée, et celui qui se tient (comme l'eau) au bord des tuiles, à mon avis, comporte aussi ses propres plaisirs ; ou bien, ce qui, justement, vient remplacer les plaisirs, c'est qu'aucun ne lui manque. Qu'il est doux d'avoir fatigué ses désirs et de les avoir laissés en arrière !

6   « Il est pesant, dis-tu, d'avoir la mort sous les yeux. » D'abord, on doit l'avoir sous les yeux, tant vieillard que jeune homme (car nous ne sommes pas convoqués d'après la liste du cens[6]) ; ensuite, nul n'est si vieux qu'il n'espère impudemment un jour de plus. Or, un jour de plus est un pas dans la vie. L'existence tout entière est divisée en parties et présente des cercles concentriques qui vont des plus grands aux plus petits : il y en a un qui les embrasse et les entoure tous (celui-ci s'étend du jour de la naissance au dernier) ; il y en a un autre qui délimite les années de jeunesse ; il y en a un qui resserre dans son orbite l'enfance tout entière ; il y a ensuite une année qui, à elle seule, contient en elle tous les moments dont la multiplication compose la vie ; le mois est circonscrit dans un cercle plus étroit ; le jour présente le rond le plus exigu mais, lui aussi, va du commencement à la fin, du lever au coucher.

7   C'est ce qui fait dire à Héraclite[7], qui doit son surnom à l'obscurité de son langage : « Un seul jour est l'égal de chacun[8]. » La phrase a été diversement interprétée. L'un

a dit, en effet, qu'il était égal en (nombre d')heures, et il ne ment pas : car si le jour est une période de vingt-quatre heures, nécessairement tous les jours sont égaux entre eux parce que la nuit occupe ce que le jour a perdu. Un autre affirme qu'un seul jour est l'égal de tous par similitude : l'espace de temps le plus long, en effet, ne comporte rien que l'on ne retrouve aussi dans un seul jour, la lumière et la nuit, et c'est pour établir les retours alternés du monde que ces moments durent davantage sans que le jour tantôt ne raccourcisse, tantôt ne s'allonge [9].

8 Aussi doit-on ordonner chaque jour comme s'il fermait la marche, parachevait la vie et la menait à sa plénitude. Pacuvius, qui, à force d'y exercer, s'était approprié la Syrie, après les libations et ce fameux repas de funérailles qu'il organisait en son propre honneur, se faisait porter de la salle à manger dans sa chambre tandis qu'au milieu des applaudissements de ses favoris l'on chantait en musique : « *Bebiôtai, Bebiôtai* [10] ! » Il ne se passa pas de jour sans qu'il ne se fût enterré !

9 Ce que cet homme faisait par mauvaise conscience, nous, faisons-le par bonne conscience, et, au moment d'aller dormir, disons, pleins de joie et de gaieté :

« *J'ai vécu et j'ai parcouru la carrière que m'avait donnée la fortune* [11]. » Si le dieu ajoute un lendemain, recevons-le avec joie. Il est très heureux, et possesseur sans souci de lui-même, celui-là qui attend le lendemain sans inquiétude ; tout homme qui a dit « j'ai vécu » se lève chaque jour pour un profit supplémentaire [12].

10 Mais déjà je dois fermer ma lettre. « Elle arrivera ainsi, dis-tu, sans quelque petite somme pour moi ? » N'aie crainte : elle emporte quelque chose avec elle. Quelque chose, ai-je dit ? Beaucoup. Quoi de plus lumineux, en effet, que cette parole que je lui livre pour te la trans-mettre ? « C'est un mal de vivre dans la nécessité, mais à vivre dans la nécessité, il n'y a aucune nécessité [13]. »

Comment n'y en aurait-il pas aucune ? Sont ouvertes de tous côtés les routes vers la liberté, nombreuses, courtes, faciles. Rendons grâces au dieu de ce que nul ne peut être retenu en vie : il est permis de piétiner les nécessités elles-mêmes.

11   « C'est Épicure, demandes-tu, qui l'a dit ? Qu'as-tu à faire avec ce qui vient d'autrui ? » Ce qui est vrai est à moi ; je persévérerai à t'assener de l'Épicure afin que les gens qui ne jurent que par les mots sans prendre en considération ce qui est dit mais par qui, sachent que les meilleurs sont un patrimoine commun. Porte-toi bien.

FIN DU LIVRE PREMIER

Notes

1. Les esclaves juraient par le « génie » de leur maître, divinité protectrice de chaque individu qui l'accompagnait de sa naissance à sa mort.
2. Le latin dit littéralement : « il regarde dehors », comme les cadavres qu'on exposait la tête tournée vers l'entrée de la maison.
3. Nouveau jeu de mots fondé, d'une part, sur une expression sans doute proverbiale, « pleurer les morts des autres », utilisée pour qualifier une compassion excessive, et, d'autre part, sur le verbe employé (*tollere*) qui évoque le geste du père de famille soulevant de ses mains le nouveau-né pour signifier qu'il le reconnaît et accepte de l'élever.
4. Poupées de céramique offertes traditionnellement par les maîtres lors des Saturnales, grandes fêtes romaines du mois de décembre.
5. L'âge symbolique de la vieillesse était à Rome de soixante-trois ans. Cf. la *Lettre* 26 qui reprend le thème. Une plaisanterie sur les dents qui tombent apparaît dans la *Lettre* 83, 4. De ces allusions, on déduit que Sénèque avait dépassé sa soixante-troisième année quand il écrit les *Lettres à Lucilius*.

6. Le cens classait la population par rangs d'âge regroupés en centuries de vote.

7. Héraclite d'Éphèse dit l'Obscur (Ve siècle av. J.-C.), philosophe du devenir perpétuel. Il aurait émis cette formule contre Hésiode qui affirme, suivant des superstitions populaires, que l'homme doit savoir choisir les « meilleurs » jours pour accomplir tel ou tel ouvrage (voir *Les Travaux et les Jours*, vers 765 *sq.*).

8. Héraclite, frg. 106 Diels-Kranz.

9. Il existe en latin la même ambiguïté sémantique qu'en français dans le mot « jour » (*dies*). Sénèque distingue ici le jour astronomique de vingt-quatre heures et la clarté du jour pour laquelle il emploie le mot « lumière » (*lumen*). Mais le texte des manuscrits a été mis en doute par les éditeurs qui, depuis la Renaissance, ont supposé une faute ou une omission et ont tenté de le corriger. Traduit ici tel quel, autant que faire se peut, le passage semble décrire les variations de la durée d'ensoleillement au fur et à mesure que s'effectuent les « retours alternés du monde » : dans ce cas, ceux-ci désignent les saisons et les modifications célestes qui y correspondent ; et « l'espace de temps le plus long », le jour le plus long de l'année (solstice d'été).

10. Formule grecque : « Il a vécu, il a vécu ! » (c'est-à-dire : il a terminé sa vie, il est mort). – Pacuvius avait longtemps fait fonction de gouverneur de Syrie. L'anecdote s'appuie sur l'image, typiquement épicurienne, du « banquet de la vie », mais Sénèque s'empresse, naturellement, de l'infléchir dans un sens stoïcien : la pensée omniprésente de la mort ne doit pas se résoudre en une invitation au jouir perpétuel, comme si chaque jour était le dernier – prétexte à une débauche continuelle –, mais en une incitation à vivre la plénitude de l'instant, entendue comme une intensité qui dépend non du plaisir éprouvé mais de la manière dont on l'emploie.

11. Virgile, *Énéide*, 4, 653.

12. Cf. *Lettre* 61, 1-2 : « Le but tant de mes jours que de mes nuits, mon ouvrage, ma pensée, c'est de mettre fin aux erreurs anciennes : je tâche qu'une journée pour moi équivaille à une vie entière. Non, par Hercule, comme la dernière à attraper, mais je l'envisage comme si elle pouvait bien être la dernière. Je t'écris cette lettre dans cet état d'esprit : comme si la mort allait m'assigner au moment même où j'écris. »

13. Épicure, frg. 487 Usener.

LIVRE II

LETTRE 13

1   Tu as une grande force d'âme[1], je le sais ; car, avant même de te munir des préceptes salutaires qui triomphent des moments difficiles, tu te montrais, face à la fortune, suffisamment décidé ; tu l'es devenu beaucoup plus après avoir été aux prises avec elle et avoir éprouvé tes forces. Celles-ci ne peuvent donner une réelle confiance en soi que lorsque de nombreuses difficultés sont apparues de côté et d'autre, un beau jour se sont approchées pour de vrai et particulièrement près. Ainsi cette force d'âme, qui est vraie et qui n'ira pas s'en remettre au jugement d'autrui, est mise à l'épreuve. Voilà sa pierre de touche[2].

2   L'athlète ne peut apporter une grande énergie à la lutte s'il n'a jamais reçu de bleus : celui qui voit son sang couler, dont les dents ont craqué sous le poing, celui qui, terrassé d'un croc-en-jambe, a porté de tout son corps le poids de son adversaire et qui, jeté à bas, n'a pas jeté à bas sa force d'âme, qui, chaque fois qu'il est tombé, s'est relevé plus opiniâtre, descend au combat avec un grand espoir.

3   Donc, pour continuer cette comparaison, souvent déjà la fortune a pesé sur toi et pourtant, loin de te rendre, tu t'es dégagé d'un bond et tu t'es redressé plus vif ; elle ajoute, en effet, beaucoup à elle-même, la vertu qui a été attaquée. Cependant, si tu veux bien, reçois de moi des secours dont tu puisses te servir pour te défendre.

4   Il y a plus de choses, Lucilius, qui nous effraient que de choses qui nous atteignent, et c'est plus souvent l'opinion

que la réalité qui nous fait souffrir. Je ne te parle pas le langage stoïcien mais d'un ton plus bas ; nous, en effet, nous disons que tous ces maux qui nous font gémir et mugir sont choses légères et méprisables. Laissons de côté ces grands mots, mais, dieux bons, si vrais ! Je te livre ce précepte : ne sois pas malheureux à l'avance, alors que ces maux dont l'imminence t'a épouvanté n'arriveront peut-être jamais, du moins ne sont pas (encore) arrivés.

5 Certains, donc, nous torturent plus qu'ils ne doivent, certains nous torturent avant qu'ils ne doivent, certains nous torturent quand ils ne le devraient pas du tout ; soit nous augmentons notre douleur, soit nous l'anticipons, soit nous l'imaginons. Le premier point, parce que la chose est controversée et que nous avons un procès en cours, différons-le pour le moment. Ce que, moi, j'aurai qualifié de léger, toi, tu soutiendras que c'est très pénible. Je sais bien que si les uns rient entre les coups de fouet, les autres gémissent sous une gifle. Nous verrons plus tard si ces maux tirent leurs forces d'eux-mêmes ou de notre faiblesse.

6 Garantis-moi, toutes les fois que tu seras entouré de gens qui chercheront à te persuader que tu es malheureux, que tu penseras non à ce que tu entends mais à ce que tu ressens, que tu délibéreras avec ta capacité de souffrir[3] et que tu t'interrogeras toi-même, qui connais le mieux tes sensations : « Qu'y a-t-il pour que ces gens-là pleurent tous sur mon compte ? Qu'y a-t-il qui les fasse trembler, qui les fasse craindre jusqu'à mon contact, comme si la malchance pouvait se transmettre ? Y a-t-il quelque chose de mal dans le cas présent ou bien cet événement n'a-t-il pas plus mauvaise réputation qu'il n'est mauvais en réalité ? » Interroge-toi toi-même : « N'est-ce pas sans motif que je me tourmente, que je m'afflige et que je fais un mal de ce qui n'en est pas ? »

7 « Comment, demandes-tu, comprendrai-je si les raisons de m'angoisser sont vaines ou vraies ? » Voici la

règle sur ce point : nous sommes torturés soit par des maux présents, soit par des maux à venir, soit par les deux à la fois. Des maux présents, il est facile de juger : si tu es libre de ton corps, en bonne santé et que tu ne souffres d'aucun mauvais traitement, nous verrons quel sera l'avenir, pour aujourd'hui ce n'est pas une affaire.

8 « Mais, en effet, il y a l'avenir ! » D'abord regarde bien s'il y a des preuves certaines qu'un mal arrivera ; la plupart du temps, en effet, nous souffrons de soupçons et sommes les jouets de cette fameuse rumeur qui, d'ordinaire, achève la guerre[4] ; or, elle achève bien davantage les individus ! Oui, mon cher Lucilius, nous acquiesçons trop vite à l'opinion ; nous ne démontrons pas la fausseté des raisons qui nous amènent à prendre peur, nous ne les épluchons pas, au contraire nous tremblons et nous tournons les talons comme ces soldats qui, à la moindre poussière soulevée par un troupeau en fuite, désertent le camp ou ces gens qu'une rumeur injustifiée terrorise tous.

9 Je ne sais comment, les causes vaines troublent davantage ; les vraies, en effet, possèdent leur mesure : tout ce qui procède de l'incertain est livré à la conjecture et à l'arbitraire d'une âme épouvantée. Voilà pourquoi il n'est aucune peur aussi malfaisante, aussi incontrôlable que la panique ; toutes les autres privent de la raison, celle-ci de l'intelligence.

10 Voilà pourquoi il nous faut enquêter minutieusement sur la réalité. Quelque malheur à venir est vraisemblable : dans l'immédiat il n'est pas vrai. Que d'événements inattendus sont arrivés ! Que d'événements attendus ne se sont nulle part produits ! Même s'il est à venir, à quoi sert d'aller à la rencontre de sa douleur ? Tu en souffriras assez tôt quand il sera arrivé : en attendant, promets-toi de meilleures perspectives.

11 Qu'y gagneras-tu ? Du temps. Beaucoup d'événements interviendront qui arrêteront un danger proche ou même prêt de s'abattre, le feront disparaître ou passer sur une

autre tête : un incendie a ouvert un passage à la fuite ; l'écroulement d'une maison a déposé (à terre) ses habitants en souplesse ; tel jour, l'épée a été retenue au moment de toucher la nuque ; tel condamné a survécu à son bourreau. La mauvaise fortune, elle aussi, a son inconstance. Peut-être sera-t-elle, peut-être ne sera-t-elle pas : en attendant, elle n'est pas ; envisage de meilleures perspectives.

12 Parfois, sans qu'aucun signe apparent n'annonce un mal à l'avance, l'âme se représente des images fausses : soit elle déforme en pire le sens d'un mot équivoque, soit elle envisage une offense faite à quelqu'un comme plus grande qu'elle n'est, et elle évalue par la pensée non pas la colère de cet homme mais le pouvoir qu'il a de l'assouvir [5]. Or il n'y a nulle raison de vivre, nulle mesure aux malheurs si l'on craint tout ce qui peut l'être. Ici, qu'on tire profit de la prudence, ici, de (toute) la vigueur de ton âme, rembarre la peur même visiblement fondée ; sinon, chasse un vice par un autre, tempère la peur par l'espérance [6]. Rien, parmi les événements que l'on craint, n'est assez certain pour qu'il ne soit pas plus certain et que nos frayeurs retombent et que nos espoirs nous déçoivent.

13 Mets donc en balance espérance et peur, et toutes les fois que l'incertitude sera complète, penche en ta faveur : crois ce que tu préfères. Si la peur remporte plus de suffrages, incline néanmoins plutôt de ton côté et cesse de te troubler, tourne et retourne dans ton âme cette idée : que la majeure partie des mortels, alors qu'elle ne subit aucun mal et que son avenir n'a rien de certain, vit dans la fièvre et la débandade. Personne, en effet, ne résiste à soi, une fois lancé, ni ne ramène sa propre crainte à la mesure du vrai ; personne ne dit : « vaine est l'origine (de cette rumeur), oui, vaine : elle est le produit soit de l'imagination, soit de la crédulité ». Nous nous laissons porter par le moindre souffle ; nous sommes épouvantés par des bruits douteux tenus pour certains ; nous ne

conservons pas la mesure des choses, un souci minuscule vire immédiatement à la crainte.

14 J'ai honte, en ce lieu, de te parler ainsi et de te réconforter avec des remèdes si doux. Un autre dirait : « peut-être (ce malheur) n'arrivera-t-il pas ». Toi, dis : « Et alors ? S'il arrive ? Nous verrons lequel des deux triomphera ; peut-être arrive-t-il pour mon bien, et une telle mort honorera ma vie. » La ciguë a fait Socrate grand. Arrache à Caton[7] l'épée qui assure sa liberté : tu lui auras retiré une grande partie de sa gloire.

15 Voici trop longtemps que je t'exhorte, quand tu as besoin plutôt de recommandations que d'exhortations. Nous ne te conduisons pas dans un sens opposé à ta nature : tu es né pour suivre ces conseils que nous donnons[8] ; raison de plus pour augmenter ton bien et l'embellir.

16 Mais je ne mettrai fin à ma lettre qu'en y imprimant son sceau, c'est-à-dire en lui confiant une phrase magnifique à ton intention : « Entre autres maux, la sottise comporte aussi celui-ci : elle en est toujours à commencer de vivre[9]. » Réfléchis au sens de cette phrase, Lucilius (toi) le meilleur des êtres, et tu comprendras combien est choquante l'inconstance des hommes qui, chaque jour, donnent à leur vie de nouveaux fondements, qui ébauchent, même à son terme, de nouveaux espoirs.

17 Regarde-les tout autour de toi, un par un : tu rencontreras des vieillards qui s'apprêtent de plus belle à faire de la politique, des voyages, des affaires. Or, qu'y a-t-il de plus honteux qu'un vieillard qui commence à vivre ? Je ne joindrais pas le nom de l'auteur à cette phrase si elle n'était pas un peu confidentielle, ne figurant pas parmi les sentences publiées d'Épicure que je me suis permis de louer et d'adopter. Porte-toi bien.

Notes

1. Littéralement : « il y a beaucoup d'âme en toi ». *Animus* possède en latin le double sens d'« âme » (comme principe d'énergie spirituelle) et, par suite, de « courage » (ou « valeur » ou « vaillance »). Ce dernier sens se retrouve dans le mot *uirtus* (voir par. 3 de cette lettre, par exemple) qui, lui aussi, oscille entre deux significations : tantôt « vertu », tantôt « courage viril ».

2. De manière générale, est sous-jacente à la *Lettre* 13 la théorie exposée dans le *De prouidentia* : les épreuves envoyées par le destin profitent aux hommes de bien parce qu'elles leur permettent de s'aguerrir et de déployer, ainsi, leur vertu. « L'or est éprouvé par le feu, les hommes forts par le malheur » (V, 10). L'exemple sportif qui suit correspond également aux exemples donnés dans ce traité, tout comme celui de Caton d'Utique (voir note 7 ci-après) : « Je ne vois pas, dis-je, ce que Jupiter peut trouver de plus beau sur terre, s'il veut y appliquer son attention, que le spectacle de Caton, debout au milieu des désastres répétés de son parti, et inflexible au milieu des calamités publiques » (II, 9 ; trad. É. Bréhier, *Les Stoïciens, op. cit.*).

3. *Patientia* : à la fois « souffrance » et « endurance ». Cf. *Lettre* 9, par. 1 et 2.

4. Expression passée en adage (voir Tite-Live, 37, 47).

5. Il s'agit de quelque « puissant » qui a la faveur du Prince à Rome, voire du Prince en personne : lire la *Lettre* 14 qui précise de quels hommes il peut s'agir (par. 7) et de tout le mal qu'ils « peuvent » faire (par. 4 et 5). Quant aux effets de leur colère, voir *De ira*, livre III en particulier, ainsi que le *De clementia*.

6. Commence ici une discrète réhabilitation de l'espérance qui court à travers toutes les *Lettres à Lucilius*. En bonne orthodoxie stoïcienne, en effet, l'espérance est une passion au même titre que la crainte puisque ces deux sentiments font dépendre le présent d'un avenir que nous ne saurions prévoir à coup sûr. S'il est vrai que Sénèque parle ici « un ton plus bas » à son correspondant, en lui livrant un conseil d'ordre pratique plutôt qu'en développant pour lui une véritable analyse philosophique, il lui signifie en même temps qu'espérer est un moyen, à notre portée, de s'approprier le temps, de l'intérioriser (à défaut de le maîtriser dans sa totalité, ce que ne peut faire que le sage qui, seul, sait vivre la plénitude de l'instant : voir note 10 de la *Lettre* 12) : ainsi la possibilité de progrès moral, qui est l'objet même de cette correspondance pédagogique, va nécessairement de pair avec un optimisme du temps qui passe, une durée vers le mieux à condition que celle-ci soit soustendue fortement par la volonté de progresser. Voir les ouvrages de V. Goldschmidt et de A.J. Voelke cités dans la Bibliographie.

7. Marcus Porcius Caton, descendant de Caton le Censeur (voir note 3 de la *Lettre* 7), dit Caton d'Utique (95-46 av. J.-C.), qui, défenseur de la liberté contre César, préféra se suicider plutôt que de se rendre alors qu'il était réfugié avec ses hommes dans la ville d'Utique, non loin de Carthage. Le récit grandiose de sa mort revient comme un *leitmotiv* dans toute l'œuvre de Sénèque et fait de lui une grande figure du stoïcisme romain.

8. Ce « nous » peut équivaloir à un « je » (Sénèque parlant en son propre nom), selon la coutume latine, ou bien signifier « nous, les stoïciens », comme au par. 4 de cette lettre.

9. Épicure, frg. 494 Usener.

LETTRE 14

1   J'avoue qu'est implanté en nous un attachement à notre propre corps¹ ; j'avoue que nous en assumons la tutelle². Je ne nie pas qu'il faille lui complaire, je nie qu'il faille en être l'esclave ; on sera, en effet, l'esclave de bien des gens si l'on est celui de son corps, si l'on craint trop pour lui, si l'on rapporte tout à lui.

2   Nous devons nous comporter non pas dans la pensée que nous devons vivre pour le corps, mais que nous ne le pouvons pas sans le corps ; à trop l'aimer, nous sommes troublés de craintes, chargés d'inquiétudes, exposés aux humiliations ; l'honorable est sans valeur pour qui en attache³ trop au corps. Qu'on en prenne très grand soin, tout en se faisant un devoir, cependant, quand l'exigera la raison ou la dignité ou la fidélité, de le livrer aux flammes.

3   Néanmoins, autant que nous le pouvons, évitons aussi les incommodités⁴, pas seulement les périls, et réfugions-nous en lieu sûr, n'ayant de cesse d'inventer les moyens de chasser les sujets de crainte. Il y en a de trois genres, si je ne me trompe : on craint d'être sans ressources, on craint d'être malade, on craint de subir les violences de plus puissant que soi.

4   De tous ces maux, aucun ne nous ébranle davantage que celui dont nous menace la puissance d'autrui ; c'est que beaucoup de bruit et d'alarme accompagnent sa venue. Les malheurs naturels que j'ai mentionnés, l'absence de ressources et la maladie, se faufilent en silence et ne frappent

nullement de terreur ni les yeux ni les oreilles. Énorme est le cortège qui suit l'autre malheur : autour de lui il y a le fer, les flammes, les chaînes et une foule de bêtes féroces qu'on lance sur les entrailles humaines.

5   Dans ce domaine, pense au cachot, aux croix, aux chevalets, au croc, au pieu dont on empale un homme pour qu'il ressorte par la bouche, aux membres écartelés par des chars qu'on tire en sens contraire, et à cette fameuse tunique enduite et tissée de matières inflammables [5], ainsi qu'à toutes les autres trouvailles de la sauvagerie.

6   C'est pourquoi il n'est pas étonnant que le plus grand sujet de crainte soit celui-là, qui présente une grande diversité et un appareil terrible. Car de même que le bourreau obtient d'autant plus de résultats qu'il a étalé plus d'instruments de torture (leur vue, en effet, triomphe de ceux qui auraient résisté à la souffrance), de même, parmi les maux qui subjuguent et domptent nos âmes, ont plus d'efficacité ceux qui ont quelque chose à montrer. Il y a des fléaux qui ne sont pas moins graves – je veux parler de la faim, de la soif, des ulcères organiques, de la fièvre qui embrase jusqu'aux entrailles – mais ils sont cachés, ils n'ont aucune arme à brandir, à mettre en avant. Les précédents, comme dans les grandes batailles, doivent leur triomphe au spectacle de leurs préparatifs.

7   C'est pourquoi tâchons de nous abstenir de toute offense. Tantôt c'est le peuple que nous devrions craindre ; tantôt, si la constitution de la cité veut que la plupart des affaires passent par le Sénat, les hommes en crédit dans ce conseil ; tantôt chacun des individus auxquels a été confié le pouvoir du peuple sur le peuple. Avoir tous ces gens-là pour amis est une tâche ardue, il suffit de ne pas les avoir pour ennemis. C'est pourquoi le sage ne provoquera jamais la colère des puissants, mieux, il la contournera, tout à fait comme un orage lorsqu'on navigue.

8   Quand tu t'es rendu en Sicile, tu as traversé le détroit. Un pilote téméraire a méprisé les menaces de l'Auster (c'est ce vent qui soulève la mer de Sicile et la fait tourbillonner) ; il n'est pas allé chercher la côte sur sa gauche mais cet endroit tout près duquel Charybde brasse les mers. Au contraire, le pilote avisé interroge ceux qui ont l'expérience des lieux sur le courant, sur les indications que donnent les nuages ; il maintient sa course loin de cette zone qui doit sa mauvaise réputation à ses tourbillons. Le sage fait de même : il évite la puissance qui risque de lui nuire, prenant garde avant tout de ne pas paraître l'éviter ; pour une part, en effet, la sécurité réside aussi dans le fait de ne pas la rechercher de façon déclarée parce que ce que l'on fuit, on le condamne.

9   Il nous faut donc regarder autour de nous pour savoir comment nous pouvons nous protéger du vulgaire. D'abord, ne partageons aucun de ses désirs : c'est une querelle entre rivaux. Ensuite, ne possédons rien qui puisse faire gagner gros au brigand à l'affût : porte sur toi le moins de choses possibles à dérober. Nul ne verse le sang pour le sang, ou très rarement ; en général, les gens calculent plus qu'ils ne haïssent. Le voleur laisse passer l'homme nu[6] ; même quand on a bloqué la route, on laisse le pauvre en paix.

10   Il y a, ensuite, trois sentiments, d'après un vieux précepte, que l'on doit principalement éviter : la haine, l'envie, le mépris. Comment y réussir, la sagesse seule l'indiquera ; il est difficile, en effet, de doser[7], et l'on doit redouter que la crainte de faire envie n'aboutisse à nous faire mépriser, qu'en refusant de piétiner, nous ne paraissions pouvoir être piétinés. Chez bien des gens pouvoir être craint a apporté des raisons de craindre. Prenons du recul de tous côtés : être méprisé ne nuit pas moins qu'être admiré.

11   Il faut donc chercher refuge dans la philosophie ; ces écrits, je ne dis pas sur les hommes bons mais sur ceux

qui sont moyennement mauvais, tiennent lieu de bandelettes[8]. Car l'éloquence du forum comme toute autre qui émeut le peuple a ses adversaires ; elle, elle est au calme et ne peut être méprisée pour son affaire, honneur lui est rendu par tous les arts, même chez les hommes les plus mauvais. Jamais la méchanceté n'atteindra un tel développement, jamais on ne conspirera à tel point contre les vertus que le nom de philosophie ne demeure pas vénérable et sacré. Du reste, la philosophie elle-même est une occupation qui réclame tranquillité et modestie.

12 « Quoi donc, dis-tu, il te paraît philosopher avec modestie, M. Caton, quand, en donnant son avis, il contient la guerre civile ? Quand il s'interpose entre des chefs armés en délire ? Quand, tandis que les uns s'en prennent à Pompée, les autres à César, il les attaque tous deux ensemble ? »

13 On peut discuter pour savoir si, en ce temps-là, le sage devait ou non embrasser le service de l'État. À quoi prétends-tu, Marcus Caton ? Il ne s'agit plus de la liberté : elle a, depuis longtemps, été jetée dans l'abîme. La question est de savoir qui, de César ou de Pompée, prendra possession de l'État. Qu'as-tu à voir avec ce conflit ? Tu n'as aucun rôle à jouer. On choisit un maître : que t'importe lequel des deux triomphera ? Il se peut que le meilleur triomphe, il ne se peut pas que ce ne soit pas le pire qui ait triomphé. Je n'ai touché qu'au dernier rôle de Caton ; mais les années précédentes ne furent pas, elles non plus, pour autoriser le sage à cette mise au pillage de l'État. Que pouvait faire d'autre Caton que de pousser des cris, de prononcer des paroles sans effet, lorsque, soulevé par les mains du peuple et couvert de crachats, on le traînait pour l'expulser du forum, lorsqu'on le conduisait du Sénat en prison ?

14 Mais nous verrons plus tard si le sage doit consacrer son activité à l'État ; en attendant, je t'invite à suivre ces stoïciens qui, s'étant exclus des affaires de l'État, se sont

retirés pour cultiver l'art de vivre et pour fonder les droits du genre humain[9] sans faire offense à plus puissant qu'eux. Le sage ne dérangera pas les mœurs de la collectivité et n'attirera pas sur lui les regards du peuple par l'originalité de sa vie.

15 « Quoi donc ? On sera dans tous les cas en sûreté, si l'on réalise ce projet ? » Je ne peux pas plus te le promettre qu'une bonne santé chez un homme tempérant, et pourtant, c'est la tempérance qui fait la bonne santé. Il arrive qu'un navire sombre dans le port, mais, toi, que crois-tu qu'il se produise en pleine mer ? Combien ne courrait-il pas plus de danger, celui qui fait et remue beaucoup de choses, quand, pour lui, même le loisir n'est pas sûr ? Périssent parfois des innocents (qui le nie ?), pourtant plus souvent des coupables. Il conserve son art, celui qui a reçu un coup à travers son armure.

16 Enfin, dans toutes les entreprises, c'est l'intention que le sage regarde, non l'issue[10] ; les débuts sont en notre pouvoir, la fortune juge du résultat, sans que je lui accorde le droit de donner un avis sur moi. « Mais elle apportera quelque violence, quelque adversité ? » Le voleur ne condamne pas quand il tue.

17 À présent tu tends la main pour la piécette quotidienne. Je te la remplirai d'une pièce d'or, et comme il a été fait mention d'or, voici une manière de s'en servir et d'en jouir qui pourra être pour toi plus gratifiante : « On jouit le plus des richesses quand on est le moins dépendant des richesses[11]. » « Cite l'auteur », demandes-tu. Sache comme je suis libéral : mon projet est de louer les biens d'autrui ! Elle est d'Épicure, ou de Métrodore, ou de quelqu'un d'autre de leur fameuse officine.

18 Et qu'importe qui l'a dit ? Il l'a dit pour tout le monde. Qui dépend des richesses craint pour elles ; or personne ne jouit d'un bien qui l'inquiète. Il s'applique à y ajouter quelque chose. Pendant qu'il pense à les accroître, il a oublié de s'en servir. Il reçoit les comptes, use le pavé

du forum, feuillette son échéancier : de maître, il devient gérant. Porte-toi bien.

Notes

1. Cet « attachement » (*caritas*) est inné et correspond à l'instinct de conservation (*amor sui*), tendance naturelle que les stoïciens définissent encore par le terme *oikeiôsis* que Sénèque, à la suite de Cicéron (*De finibus*, III, V, 16), traduit par *conciliatio* (*sui*) : « conciliation » ou, pour le grec, « appropriation » à soi. Mais « la primitive inclination à soi faisait rechercher l'utile et repousser le nuisible. Alors que l'animal usait de ces choses par science innée, pour l'homme, il y a là l'objet d'un choix réfléchi. Le "premier devoir", qui est de se conserver dans sa "constitution naturelle", se prolonge alors dans le choix judicieux fait à l'égard des "choses conformes à la nature", celles qui favorisent cette constitution. Ce choix va acquérir une sûreté telle qu'on puisse le dire "constant et en accord avec la nature" [...] en sorte que le souverain bien consiste, en définitive, dans cet accord » (*homologia* ; en latin : *conuenentia*). Voir Victor Goldschmidt, *Le Système stoïcien et l'idée de temps*, Vrin, 1979, p. 129. Comme on le voit, la *Lettre* 14 est une première initiation philosophique à la doctrine stoïcienne des « préférables » (voir note 4 ci-dessous).
2. Terme juridique de sens plein que Sénèque emploie à dessein pour préciser le statut inférieur du corps, « mineur », par rapport à l'âme qui est « tutrice ».
3. La traduction essaie ici de restituer l'opposition lexicale entre *carus* (« cher », dont le sens est double comme en français) et *uilis* (« vil », « sans valeur »).
4. *Incommoda* (qui traduit *apoproêgmena*) s'oppose à *commoda* (pour *proêgmena*), terme de la langue latine courante que Sénèque choisit, en général, pour exprimer la notion de « préférables », tandis que Cicéron emploie par exemple *producta* (*De finibus*, III, V, 50 *sq.*), mot purement technique qui pouvait être moins immédiatement compréhensible. Ainsi, pauvreté, maladies, persécutions du pouvoir qui sont, par principe, choses indifférentes (*adiaphora*), sont présentées comme « choses à éviter » (incommodités) tandis

que leurs contraires, richesse, bonne santé, sécurité, sont à considérer comme « choses à préférer » (commodités). De la sorte, les « indifférents » peuvent être regroupés en deux sous-ensembles.

5. Vêtement de papyrus enduit de poix dans lequel on brûlait certains condamnés. Un tel supplice rappelle évidemment celui du « Taureau de Phalaris », cité par Épicure (taureau de bronze où le tyran d'Agrigente faisait brûler ses victimes). Voir *Lettre* 66, 18.

6. Utilisation d'une phrase proverbiale.

7. Le « dosage » se dit *temperamentum* ; « doser », ou « tempérer » une chose par une autre, *temperare* : voir *Lettre* 5, 5 et la note correspondante. L'homme « tempérant » est donc celui qui sait trouver la juste « mesure » des choses (*modus rerum*), laquelle est moins d'ordre quantitatif comme chez les péripatéticiens que d'ordre qualitatif : on ne pèche pas par excès ou par insuffisance (voir la célèbre analyse des vertus et des vices dans l'*Éthique à Nicomaque*), mais parce que le mauvais « dosage » fausse la signification de l'acte. Au début de la *Lettre* 14, « trop aimer » son corps aboutit à fausser le rapport qu'on entretient avec lui et, par suite, à fausser, en général, la distinction entre juste et injuste, vérité et erreur : « l'honorable » devient « sans valeur » (par. 2).

8. Ornement sacré des prêtres. Le réseau métaphorique religieux est riche dans l'œuvre de Sénèque : si la philosophie est une activité sainte et sanctifiante, les philosophes en sont les prêtres, ils rendent un culte à la vertu, leur temple est tantôt l'univers, tantôt l'âme de l'homme, et l'étude de la philosophie est comme une initiation… Voir l'article « culte » dans le catalogue des images sénéquiennes établi par M. Armisen-Marchetti dans sa thèse publiée aux Belles Lettres (voir Bibliographie).

9. Les fondateurs du stoïcisme se sont, en effet, gardés de participer à la vie politique d'Athènes comme à quelque gouvernement que ce soit. Cette abstention fut volontaire. Au reste, ils entretinrent de bons rapports avec les Puissants de leur temps, mais, refusant de rejoindre la cour des rois (de Macédoine, de Sparte ou d'Alexandrie : voir Diogène Laërce, VII, 6 et 177, notamment), ils préférèrent y envoyer un de leurs disciples comme conseiller. Plutarque, dès le début de ses *Contradictions des stoïciens*, reproche à Zénon comme à Cléanthe et à Chrysippe d'avoir accumulé les écrits politiques sans jamais s'être mêlés à l'action publique. Chrysippe y avait répondu à l'avance en arguant que « s'il prenait part à la vie politique en faisant des choses mauvaises, il déplairait aux dieux ;

et en faisant des choses bonnes, il déplairait à ses concitoyens » (Stobée, SVF, III, 694).

« Cultiver l'art de vivre » consiste, pour Sénèque, à se consacrer à la vie dite « contemplative », faite d'étude et de réflexion, afin d'approfondir la morale théorique de la philosophie dogmatique, seule capable de donner une assise sérieuse à la morale pratique (voir *Lettre 95*, par. 36 à 63), donc de « fonder les droits du genre humain ».

10. Le couple *consilium* (« intention », « résolution », « décision ») et *exitus* (« issue ») recouvre l'opposition grecque classique entre *telos* (la « fin » de l'action qui n'est autre que le souverain bien) et *skopos* (le « but » de l'action qu'il ne dépend pas de nous d'atteindre). Voir Victor Goldschmidt, *Le Système stoïcien et l'idée de temps, op. cit.*, p. 146.

11. Épicure, Lettre 3, p. 63. 19-20, Usener.

LETTRE 15

1   C'était une coutume d'autrefois, conservée jusqu'à mon époque, d'ajouter à l'en-tête d'une lettre : « si tu es en bonne santé, c'est bien, quant à moi, je le suis ». Nous, à bon droit, nous disons : « si tu philosophes, c'est bien ». Cela est, en effet, proprement être en bonne santé. Sans cela, l'âme est malade ; le corps aussi, même s'il possède de grandes forces, n'a que la robuste santé d'un fou furieux ou frénétique.

2   Prends donc soin principalement de cette santé-là, puis de l'autre aussi, qui est seconde et ne te coûtera pas grand-chose si tu veux être en bonne santé. Il est sot, en effet, mon cher Lucilius, et très peu convenable pour un homme cultivé de s'occuper à faire de la musculation, à s'élargir la nuque et à se fortifier les pectoraux. Quand tu auras eu la chance de grossir et que tes muscles auront gonflé, jamais tu n'égaleras les forces ni le poids d'un bœuf gras ! Ajoute maintenant que sous le bagage trop important du corps, l'âme est étouffée et rendue moins agile. C'est pourquoi, autant que tu le peux, assigne une limite à ton corps et mets ton âme au large [1].

3   Nombre d'incommodités s'attachent à ceux qui s'adonnent à de tels soins : d'abord la fatigue des exercices qui épuise l'énergie et rend incapable de concentration et de vivacité dans l'étude ; ensuite l'abondance de nourriture empêche la subtilité. Il existe, en outre, des esclaves de la pire espèce, promus à la maîtrise, des hommes qui se partagent entre huile [2] et vin, pour qui le

jour s'est déroulé selon leur vœu s'ils ont bien transpiré, s'ils ont remplacé la sueur qui a coulé en réingurgitant une grande quantité de boisson qui sera d'autant plus assimilée qu'ils sont à jeûn. Boire et suer, c'est la vie du dyspeptique !

4   Il y a des exercices faciles et courts, qui fatiguent le corps sans délai tout en économisant du temps, ce dont on doit principalement tenir compte : la course à pied, les mouvements des bras avec haltères, le saut soit en hauteur soit en longueur, soit, pour ainsi dire, le salien [3] ou, pour parler plus humblement, celui du foulon. Choisis n'importe lesquels d'entre eux dont la pratique est élémentaire et facile.

5   Quoi que tu feras, reviens vite du corps à l'âme ; elle, exerce-la jour et nuit. Un effort modéré suffit à l'alimenter ; ni le froid ni la chaleur n'empêcheront de l'exercer, pas même la vieillesse. Prends soin de ce bien qui s'améliore avec l'âge.

6   Loin de moi l'idée de t'ordonner de rester toujours penché sur un livre ou des tablettes : il faut donner quelque intervalle de répit à l'âme, non cependant pour qu'elle se relâche, mais pour qu'elle se détende. Se faire porter en litière secoue le corps sans s'opposer à l'étude : tu pourrais lire, tu pourrais dicter, tu pourrais parler, tu pourrais écouter, toutes activités que n'interdit pas non plus la marche à pied.

7   Mais toi, ne va pas dédaigner de travailler la tension de ta voix, seulement je t'interdis de l'élever en faisant des vocalises [4] pour l'abaisser ensuite. Et si tu voulais ensuite apprendre comment marcher ? Laisse entrer ces gens auxquels la faim a enseigné de nouveaux métiers : il y en aura un pour régler tes pas, observer tes joues quand tu manges et s'avancer aussi loin que tu auras conduit son audace à force de patience et de crédulité. Quoi donc ? Ta voix commencera-t-elle tout de suite par

des cris et l'intensité la plus forte ? Il est à ce point naturel de s'animer peu à peu que les plaideurs aussi commencent sur le ton de la conversation avant de passer aux éclats de voix ; nul n'implore du premier coup la loyauté des Quirites [5] !

8   Donc, selon les conseils que te donnera l'élan de ton âme, pousse ton invective contre les vices tantôt violemment, tantôt calmement, en te laissant porter comme ta voix aussi t'y engagera ; avec mesure, lorsque tu la feras revenir et redescendre, qu'elle s'abaisse sans tomber ; qu'elle s'en tienne à sa tonalité moyenne et qu'elle s'apaise de cette manière non savante et toute simple. Il ne s'agit pas, en effet, de nous exercer la voix mais de nous exercer par elle [6].

9   Je t'ai débarrassé de ce qui n'était pas une mince affaire. Un tout petit salaire, un seul mot grec, s'ajoutera à ces bienfaits. Voici un remarquable précepte : « Une vie sotte est ingrate, tremblante ; elle se porte tout entière dans l'avenir [7]. » « Qui dit cela ? » demandes-tu. Le même homme que précédemment. D'après toi, maintenant, de quelle vie dit-on qu'elle est sotte ? De celles de Baba et d'Ision [8] ? Mais non. C'est de la nôtre qu'on parle, nous qu'un désir aveugle précipite sur des objets qui nous seront nuisibles, sans du moins jamais nous rassasier, nous qui, si quelque chose pouvait nous satisfaire, le serions, nous qui ne pensons pas combien il est agréable de ne rien réclamer, combien il est magnifique d'être pleinement pourvu et de ne pas dépendre de la fortune !

10   C'est pourquoi, Lucilius, rappelle-toi sans cesse combien de résultats tu as atteints. Quand tu auras regardé combien d'hommes te dépassent, pense combien suivent (derrière). Si tu veux être reconnaissant envers les dieux et envers ta propre vie, pense combien d'hommes tu as dépassés. Qu'as-tu à faire avec les autres ? Toi-même tu t'es dépassé.

11   Établis une frontière que tu ne pourrais même pas franchir si tu voulais ; qu'ils s'en aillent une fois pour toutes, ces biens piégés, qui sont meilleurs quand on les espère que lorsqu'on les a acquis. S'il y avait en eux quelque chose de solide, une fois pour toutes aussi ils empliraient ; en réalité, ils excitent la soif de ceux qui s'en abreuvent. Que soient renvoyés les apprêts voyants ! Et le temps à venir que roule un sort incertain, pour quelle raison obtiendrais-je de la fortune qu'elle me le donne, plutôt que de moi que je ne le demande pas ? Or pour quelle raison le demanderais-je ? Vais-je entasser, oublieux de la fragilité humaine ? Dans quel but me donnerais-je du mal ? Voici que ce jour est le dernier ; qu'il ne le soit pas, il est proche du dernier. Porte-toi bien.

Notes

1. Selon Zénon et Chrysippe, l'âme est un souffle igné qui circule dans le corps, lui-même constitué de matière inerte, plus pesante. La dilatation et l'agilité de l'âme ne sont donc pas que des images mais se rattachent profondément à la pensée stoïcienne, influencée plus tard par le platonisme qui contribue à dévaloriser le corps dans lequel l'âme est « tombée », quittant les régions « supérieures ». L'attention et même le respect que l'on doit porter au corps et aux soins qu'il convient de lui prodiguer (nourriture, bains, vêtements, gymnastique, repos) sont, néanmoins, remarquables tout au long des *Lettres à Lucilius*. Sénèque n'est pas homme à mortifier son corps ! S'en occuper est un devoir, d'autant plus que c'est aussi s'en libérer, en canalisant ses exigences.
2. Parce que les athlètes s'enduisaient d'huile avant leurs exercices.
3. À la façon des prêtres saliens qui sautillaient en levant un pied puis l'autre.
4. Littéralement : « par degrés et mesures fixes ».
5. Formule figée utilisée dans les discours. Le vieux nom de « Quirites » désigne les citoyens romains, de souche ancestrale.

6. Se faire la voix était un exercice qui faisait partie de l'enseignement donné par les rhéteurs et tout Romain amené à faire des discours au forum (activités judiciaires et politiques) continuait de s'y entraîner toute sa vie. En outre, la voix est, selon les stoïciens, après les cinq sens et les organes sexuels, la septième partie de l'âme « partant de la partie maîtresse (*hegêmonikon*) jusqu'au gosier, à la langue et aux autres organes propres à la parole » (Plutarque, *Des opinions des stoïciens*, IV, 21, trad. J. Brun, *Les Stoïciens, op. cit.*).

7. Épicure, frg. 491 Usener.

8. Noms cités proverbialement pour désigner des imbéciles.

LETTRE 16

1   Il est évident pour toi, Lucilius, je le sais, que personne ne peut vivre heureux, ni même de façon tolérable, sans zèle pour la sagesse, que la vie heureuse se réalise par la sagesse parfaite, du reste, même une vie tolérable par l'ébauche de la sagesse. Mais ce qui est évident, on doit l'affirmer et l'enfoncer plus profondément (en soi) par un entraînement [1] quotidien. On a plus de peine à tenir ses résolutions qu'à en prendre d'honorables. On doit persévérer et gagner en force par un zèle assidu, jusqu'à ce qu'une bonne intelligence [2] remplace ce qui est bonne volonté.

2   C'est pourquoi, tu n'as que faire avec moi de plus de mots et d'une justification si longue : je comprends que tu as beaucoup progressé. Les mots que tu m'écris, je sais d'où ils viennent ; ce ne sont ni déguisements ni fards. Je dirai pourtant mon sentiment : désormais j'ai de l'espoir à ton sujet, pas encore confiance. Toi aussi, je veux que tu fasses de même : il n'y a pas lieu de croire si vite et si facilement en toi. Fouille-toi, scrute-toi, observe-toi dans tous les sens ; avant toute chose, vois si tu as progressé dans la philosophie ou dans la vie même.

3   La philosophie n'est pas un métier public ni fait pour la montre ; elle n'est pas dans les mots mais dans les choses. On ne s'y emploie pas dans le but de faire passer la journée en s'amusant, pour ôter au loisir sa nausée : elle forme et forge l'âme, elle ordonne la vie, elle régit les actions, elle indique ce qu'on doit faire ou négliger, elle

siège au gouvernail et dirige la course des hommes ballottés à travers les écueils. Sans elle, personne ne peut vivre sans trembler, personne, sans souci. D'innombrables accidents surviennent d'heure en heure, qui exigent (de prendre) une décision et c'est à elle qu'il faut la demander.

4   On dira : « À quoi me sert la philosophie, s'il y a un destin ? À quoi sert-elle, s'il y a un dieu directeur ? À quoi sert-elle, si le hasard commande ? Car, d'un côté, ce qui est certain ne peut être changé, et de l'autre, l'on ne peut rien préparer contre l'incertain – en revanche, ou bien un dieu a devancé ma décision et arrêté ce que je ferais, ou bien la fortune ne permet rien à ma décision. »

5   Quoi qu'il en soit de ces hypothèses, Lucilius, ou plutôt si toutes, elles sont vraies, il faut philosopher ; soit que les destins nous enserrent de leur loi inexorable, soit qu'un dieu arbitre ait tout ordonné dans l'univers, soit que le hasard pousse et agite les choses humaines dans le désordre, la philosophie a le devoir de nous protéger. Elle nous exhortera à obéir au dieu de bon gré, à la fortune avec opiniâtreté ; elle t'enseignera comment suivre le dieu, supporter le hasard.

6   Mais ce n'est pas le moment de passer à une discussion sur notre autonomie [3], pour savoir si la providence est souveraine ou si une série de destins nous traînent ligotés, ou si des événements brusques et soudains sont les maîtres [4]. Pour le moment, j'en reviens à ceci : t'engager, t'exhorter à ne pas laisser l'élan de ton âme retomber et refroidir. Contiens-le et maintiens-le afin que devienne état de l'âme ce qui est élan [5].

7   Depuis le début, déjà, si je te connais bien, tu chercheras partout du regard quel est le petit cadeau que cette lettre aura apporté : fouille-la, et tu trouveras. Il n'y a pas lieu de t'étonner de ma grandeur d'âme : c'est encore du bien d'autrui que je suis prodigue. Mais pourquoi ai-je dit « autrui » ? Tout ce qui a été bien dit par quelqu'un

est à moi. Ceci, c'est encore Épicure qui l'a dit : « Si tu vis selon la nature, tu ne seras jamais pauvre ; selon tes opinions, tu ne seras jamais riche [6]. »

8   La nature a des besoins peu étendus, l'opinion en a d'infinis. Que s'entasse sur toi tout ce qu'ont possédé nombre de grands propriétaires ; que la fortune te fasse dépasser la mesure de l'avoir d'un particulier, qu'elle t'offre un toit d'or, un vêtement de pourpre, qu'elle te conduise à un tel degré de raffinement et d'opulence que tu dissimules la terre sous des marbres, qu'il te soit permis non seulement de posséder mais de piétiner tes richesses, que s'y ajoutent des statues, des peintures et toutes les œuvres qu'un art a pu produire pour le luxe, tu n'apprendras de ces objets qu'à en désirer de plus importants.

9   Les besoins naturels sont bornés. Ceux qui naissent d'une opinion fausse n'ont pas où s'arrêter ; le faux, en effet, n'a pas de limites. Pour qui marche sur la route, il y a une extrémité ; l'errance [7] est infinie. Éloigne-toi donc des vanités, et lorsque tu voudras savoir si l'objet de ta recherche procède d'un désir naturel ou aveugle, examine s'il ne peut pas se fixer quelque part : si, lorsqu'il s'est avancé loin, il reste toujours quelque chose plus loin, sache qu'il n'est pas naturel. Porte-toi bien.

Notes

1. *Meditatio.* Après avoir réglé leur compte aux exercices physiques dans la lettre précédente, Sénèque passe à ceux de l'âme : le premier d'entre eux consiste à « philosopher » (*philosophari*), c'est-à-dire à travailler inlassablement à se débarrasser des valeurs d'opinion. Toute une série d'exercices spirituels concrets, pour ce faire, seront proposés dans la suite de la correspondance.
2. Pour la « bonne intelligence », voir *Lettre* 2, 1, et la note correspondante, puis la note 4 de la *Lettre* 10, 5. Pour la « bonne volonté », voir note 5 ci-après.

3. *Quid sit iuris nostri*, équivalent du grec *ta eph'êmin* : la distinction entre « ce qui dépend de nous » et ce qui n'en dépend pas est fondamentale dans la définition stoïcienne de la liberté. Il est remarquable que le latin traduit en préférant une expression juridique : littéralement « ce qui relève de notre droit ».

4. Deux doctrines seulement sont, en fait, opposées ici : d'une part, le stoïcisme (un dieu, une providence, l'enchaînement des causes) et, d'autre part, l'épicurisme (hasard intervenant de façon « brusque » et « soudaine » dans la déclinaison des atomes).

5. *Impetus* équivaut ici à la « bonne volonté » dont il est question au par. 1. Manquant de fermeté et de continuité, cet « élan » doit se transformer en « tension » fortement et rationnellement soutenue : c'est l'*intentio* (le *tonos* grec) qui donne à l'âme toute sa vigueur. Voir A.J. Voelke, *L'Idée de volonté dans le stoïcisme*, PUF, 1973, p. 168 *sq.*

6. Épicure, frg. 201 Usener.

7. *Error* : erreur-errance. Errer (*errare*), c'est se tromper aussi bien que perdre son chemin, aller au hasard : Sénèque joue constamment sur ce double sens, en revivifiant l'image.

LETTRE 17

1   Rejette toutes ces occupations, si tu es sage, ou plutôt pour devenir sage, et dirige-toi à grande allure et de toutes tes forces vers la bonne intelligence. Si tu es retenu par quelque entrave, dégage-t'en ou tranche-la. « Me retardent, dis-tu, mes affaires familiales ; je veux les mettre en ordre de telle sorte qu'elles puissent me suffire sans que j'aie rien à faire, afin que ni la pauvreté ne pèse sur moi ni moi sur personne. »

2   Lorsque tu dis cela, tu ne vois pas la force et la puissance de ce bien dont tu penses avoir connaissance ; et, si tu vois globalement combien la philosophie est profitable, tu n'en discernes pas encore assez subtilement les détails et tu ne sais pas encore combien elle nous aide partout, de quelle manière jusque dans les plus grandes occasions, pour utiliser le mot de Cicéron, elle « apporte sa ressource [1] », et descend jusqu'aux plus petites. Crois-moi, appelle-la en conseil : elle te dissuadera de rester assis devant tes comptes.

3   Ce que tu demandes, n'est-ce pas, et ce que tu veux obtenir par ce délai, c'est de ne pas avoir à craindre la pauvreté : et si elle était à rechercher ? C'est la richesse qui a empêché bien des hommes de philosopher ; la pauvreté est sans entrave, sans souci. Quand sonne le clairon, elle sait qu'on ne vient pas la chercher ; quand on crie « de l'eau ! », elle se demande comment sortir (de l'incendie), non quoi emporter ; si elle doit naviguer, elle ne fait pas de bruit dans les ports ni ne met les rivages en émoi

avec une escorte pour un seul homme ; elle ne s'entoure pas d'une foule d'esclaves pour la nourriture desquels on doit souhaiter la fertilité des régions d'outre-mer.

4 Il est facile de nourrir un petit nombre de ventres, bien éduqués, et n'ayant besoin de rien d'autre que d'être remplis : avoir faim coûte peu, ce qui coûte, c'est d'être blasé. La pauvreté se contente de satisfaire aux besoins pressants. Quelle raison y a t-il donc pour que tu refuses cette compagne dont un riche en bonne santé imite les mœurs [2] ?

5 Si tu veux être disponible pour ton âme, il faut que tu sois ou pauvre ou semblable à un pauvre. Ton zèle ne peut devenir salutaire sans le souci de la sobriété ; or la sobriété est une pauvreté volontaire. Écarte donc ces mauvaises excuses : « Je n'ai pas encore suffisamment d'argent ; quand je serai parvenu à réunir cette somme, alors je me donnerai tout entier à la philosophie. » Eh bien, ce qu'en priorité il faut acquérir, c'est ce que, toi, tu diffères et acquiers en dernier ; il faut commencer par là. « Je veux, dis-tu, acquérir de quoi vivre. » Apprends en même temps à t'acquérir toi-même : si quelque chose t'interdit de bien vivre, il n'est pas interdit de bien mourir.

6 Il n'y a pas de raison que la pauvreté nous détourne de la philosophie, pas même l'indigence. On doit, en effet, tolérer d'avoir faim quand on se hâte vers ce but ; des hommes l'ont bien toléré pendant les sièges, et quelle autre récompense y avait-il pour cette belle endurance que de ne pas tomber à la discrétion du vainqueur ? Combien plus grande est la promesse : la liberté perpétuelle, ne craindre personne, ni homme ni dieu. Est-ce qu'on ne doit pas arriver jusque-là, même affamé ?

7 Des armées ont enduré jusqu'au bout une disette totale, elles ont vécu de racines sauvages et c'est avec des choses choquantes à nommer qu'elles ont supporté la faim ; toutes ces épreuves, elles les ont endurées pour

assurer le règne – c'est d'autant plus étonnant – d'un autre. Hésitera-t-on à supporter la pauvreté pour libérer l'âme de ses folies ? On ne doit donc pas s'enrichir avant ; il est permis d'arriver à la philosophie même sans provision de route.

8   C'est bien cela ? Quand tu posséderas tout, alors tu voudras posséder aussi la sagesse ? Elle sera l'ultime moyen de meubler ta vie et, pour ainsi dire, un additif ! Toi, en vérité, soit tu possèdes quelque chose, dès lors mets-toi à philosopher (d'où sais-tu, en effet, si tu ne possèdes pas déjà trop ?), soit tu ne possèdes rien, et recherche ce bien avant tout autre.

9   « Mais il manquera le nécessaire ! » D'abord il ne pourra manquer parce que la nature demande très peu, or le sage s'accommode à la nature[3]. Mais en cas de nécessités ultimes, sur l'heure il sortira de la vie et cessera d'être pour lui une charge. S'il n'a, en vérité, qu'un mince et étroit revenu pour pouvoir prolonger sa vie, il le jugera bon à prendre ; ni inquiet ou angoissé pour ce qui dépasse le nécessaire, il accordera leur dû à son ventre et à ses épaules ; quant aux occupations des riches et aux allées et venues de ceux qui courent après les richesses, il en rira, insouciant et joyeux, et dira :

10   « Pourquoi te différer toi-même à longue échéance ? Attendras-tu de toucher des intérêts, de spéculer sur ta marchandise ou de recevoir l'héritage d'un heureux vieillard, quand tu pourrais sur-le-champ devenir riche ? La sagesse livre au comptant les ressources qu'elle donne à tout homme en les lui rendant superflues. » Ces mots concernent d'autres gens ; toi, tu es plus près (de la classe) des grands propriétaires. Change de siècle : tu possèdes trop ; or, reste identique en tout siècle ce qui suffit.

11   Je pourrais clore ma lettre à cet endroit si je ne t'avais mal éduqué. On ne peut saluer les rois parthes sans apporter de cadeau ; toi, il n'est pas permis de te dire

« Porte-toi bien » gratuitement ! Quoi mettre ici ? Je ferai un emprunt à Épicure : « Pour bien des hommes, avoir acquis des richesses ne mit pas fin à leurs malheurs, mais revint à en changer [4]. »

12 Et cela ne m'étonne pas : le vice, en effet, n'est pas dans les choses mais dans l'âme même. Ce qui nous avait rendu pesante la pauvreté, nous a aussi rendu pesante la richesse. De la même manière qu'installer un malade sur un lit de bois ou d'or n'a aucune importance – où qu'on l'ait transporté, il transportera sa maladie avec lui – de même, qu'une âme malade soit placée dans la richesse ou dans la pauvreté n'a aucune importance : son mal la suit. Porte-toi bien.

Notes

1. Mot tiré de l'*Hortensius*, d'après l'hypothèse de Juste Lipse. Frg. 98, p. 326 Mueller.

2. La « simulation » de la pauvreté est l'un des exercices spirituels (*meditationes*) prônés constamment par Sénèque et auxquels il se soumettait lui-même. Il consiste à adopter provisoirement des vêtements d'étoffe grossière, un équipage modeste pour sortir (voir *Lettre* 84, 7), ainsi que la nourriture la plus frugale : lire dans la *Lettre* 18, qui suit, l'exemple du régime d'Épicure en personne que l'on peut comparer à celui que s'imposait Sénèque (voir *Lettres* 86, 6, et 87, 3 : du pain et des figues sèches). Il est même conseillé, à l'occasion, de se mettre à la diète (voir *Lettre* 78, 11). Le but de cette « pauvreté volontaire » ou « fictive » (voir *Lettre* 20, 13) est non pas de se dépouiller définitivement (car il faut assumer la position sociale dans laquelle nous a placés le destin), mais de se détacher des biens matériels qui ne sont que des « indifférents », ou, au mieux, des « préférables » : s'entraîner (*meditari*) de temps en temps à s'en passer, c'est donc prendre conscience que la valeur qu'on leur reconnaît n'est qu'une fausse valeur, et, par suite, la leur retirer.

3. *Se accommodat* : ce qui correspond à la fin suprême (*telos*) définie par Zénon : « vivre en accord avec la nature » (*to homologoumenôs têi phusei zên*). Voir Diogène Laërce, VII, 84-89, et Cicéron, *De finibus*, III, 9, 31 : « Le souverain bien consiste à vivre en ayant la science de ce qui arrive selon la nature, en choisissant ce qui est conforme à la nature et en rejetant ce qui lui est contraire, c'est-à-dire à vivre en accord et en harmonie (*conuenienter congruenterque*) avec la nature » (trad. J. Brun, *Les Stoïciens, op. cit.*).

4. Épicure, frg. 479 Usener.

LETTRE 18

1   C'est le mois de décembre : plus que jamais la cité transpire : droit général à la débauche[1] a été accordé ; tout résonne d'énormes préparatifs comme s'il y avait quelque différence entre les Saturnales[2] et les jours ouvrables ! Il n'en reste à ce point aucune qu'il ne me paraît guère avoir fait d'erreur celui qui a dit qu'autrefois décembre durait un mois, maintenant une année !

2   Si je t'avais à mes côtés, j'aimerais m'entretenir avec toi sur ce que tu estimes devoir faire : faut-il ne rien changer à nos habitudes quotidiennes ou bien, pour ne pas avoir l'air en dissidence avec les mœurs générales, faut-il dîner avec plus de gaieté et dépouiller la toge ? Car, comme on ne le faisait qu'en cas de mobilisation et dans une triste période pour la cité, nous avons changé de costume[3], pour le plaisir et des jours de fête.

3   Si je te connais bien, assumant le rôle d'arbitre, tu ne nous aurais voulus ni tout à fait semblables à la foule en bonnets[4] ni tout à fait dissemblables ; à moins que par hasard, en ces jours surtout, il ne faille commander à son âme d'être seule à s'abstenir des plaisirs au moment où la foule entière se vautre en eux ; elle se donne la preuve la plus sûre, en effet, de sa fermeté, si elle ne va ni ne se laisse emmener vers les caresses et les attraits de la débauche.

4   S'il y a bien plus de courage, quand le peuple est ivre et vomissant, à rester sec et sobre, il y a plus de tempérance à ne pas se mettre à l'écart et, sans se faire remarquer ni se confondre avec tous, à faire la même chose

mais pas dans la même mesure ; il est permis, en effet, de passer un jour de fête sans débauche.

5 Du reste, je suis si décidé à éprouver la fermeté de ton âme que, inspiré par un précepte des grands hommes, je te prescris aussi de placer à intervalle quelques jours où, te contentant de manger très peu et très pauvrement, de te vêtir d'une étoffe grossière et rêche, tu puisses te dire : « Voilà ce que l'on craignait ? »

6 En l'absence même de souci, que l'âme se prépare aux difficultés et s'affermisse contre les mauvais traitements de la fortune au milieu de ses bienfaits. Le soldat, en pleine paix, va en manœuvre, construit un retranchement sans ennemi aucun, et il se fatigue par des efforts superflus afin de pouvoir en fournir suffisamment si nécessaire. Si tu ne veux pas qu'il tremble au cœur de l'action, exerce-le avant l'action. Ont suivi ce précepte ceux qui, ayant imité tous les mois la pauvreté, se sont approchés tout près de l'indigence afin de ne jamais être épouvantés par ce qu'ils avaient souvent appris.

7 Ne va pas maintenant penser que je parle des dîners à la Timon[5], des cellules de pauvres, et de tout ce avec quoi joue la débauche par dégoût des richesses : que ce soit un vrai grabat, un sayon et du pain dur et gris. Supporte ce régime trois ou quatre jours, parfois davantage, afin que ce ne soit pas un jeu mais une expérience. Alors, crois-moi, Lucilius, tu exulteras d'être rassasié pour deux sous et tu comprendras que l'on n'a pas besoin de la fortune pour vivre sans souci ; ce qui suffit, en effet, au nécessaire, elle le donnera même en colère.

8 Ne va pas, cependant, te figurer, toi, que tu en fais beaucoup (tu ne feras, en effet, que ce que des dizaines de milliers d'esclaves, des dizaines de milliers de pauvres font) ; admire-toi à ce seul titre : que tu agiras sans contrainte, qu'il te sera aussi facile de suivre ce régime toujours que de l'expérimenter de temps en temps. Exerçons-nous au poteau[6] et, pour que la fortune ne nous

prenne pas au dépourvu, que la pauvreté nous devienne familière ; nous serons riches avec moins de souci si nous savons combien il n'est pas pénible d'être pauvre.

9 Il s'était fixé des jours, Épicure, ce professeur de plaisir, où il apaisait chichement sa faim, pour voir s'il ne manquait rien à son plaisir plein et achevé, ou plutôt combien il lui manquait et si cela valait le grand effort qu'il en coûtait. C'est, du moins, ce qu'il affirme dans les lettres qu'il a écrites à Polyen sous la magistrature de Charinus[7] ; et il s'y vante de se nourrir pour moins d'un sou, tandis que Métrodore, vu qu'il n'a pas encore autant progressé, dépense un sou entier[8].

10 Toi, dans un tel régime de vie, crois-tu qu'il y ait rassasiement ? Il y a aussi plaisir ! Non pas ce plaisir léger, fugace et à renouveler sans cesse, mais un plaisir stable et sûr. Ce n'est pas, en effet, chose agréable que de l'eau avec de la polenta ou un bout de pain d'orge, mais c'est un plaisir souverain[9] que de pouvoir tirer un plaisir même de ces aliments et de s'être réduit à ce qu'aucune iniquité de la fortune ne pourrait retirer.

11 Il y a plus de prodigalité dans ce qu'on mange en prison ! Les criminels séparés que l'on destine à la peine capitale, l'homme qui va les tuer ne leur donne pas une nourriture si maigre ; que de grandeur d'âme il y a à descendre de son propre mouvement jusqu'à ce que ne doivent pas craindre même les condamnés à mort ! Cela est (proprement) devancer les traits de la fortune.

12 Commence donc, mon cher Lucilius, à suivre l'habitude de ces hommes et détermine quelques jours où tu te retireras de tes biens et te familiariseras avec le minimum (vital) ; commence à te mettre en relation avec la pauvreté :

« *Ose, mon hôte, mépriser les richesses et façonne-toi pour être, à ton tour, digne d'un dieu*[10]. »

13 Personne d'autre n'est digne d'un dieu que celui qui a méprisé les richesses ; je ne t'en interdis pas la possession mais je veux faire en sorte que tu les possèdes sans

trembler ; ce que tu n'obtiendras que d'une seule manière :
en te persuadant que tu vivras heureux même sans elles, en
les regardant comme toujours près de s'en aller.

14   Mais commençons déjà à plier cette lettre. « Auparavant, dis-tu, acquitte ce que tu dois ! » Je déléguerai ta créance à Épicure, c'est par lui que le compte sera réglé : « Une colère démesurée engendre la folie [11]. » Combien cela est vrai, tu le sais nécessairement quand tu as eu et un esclave et un ennemi.

15   Cette passion s'embrase contre toutes les catégories de personnes ; elle naît aussi bien de l'amour que de la haine, pas moins parmi les choses sérieuses que parmi les jeux et les plaisanteries. Ce qui fait la différence, ce n'est pas la grandeur du motif qui la fait naître mais la qualité de l'âme où elle survient. Ainsi du feu : ce qui importe, ce n'est pas sa grandeur mais où il surgit ; car, même à un très grand feu, des matériaux compacts n'ont pas donné prise, à l'inverse, des matériaux desséchés et facilement combustibles attisent une simple étincelle jusqu'à la transformer en incendie. Oui, mon cher Lucilius, une énorme colère aboutit à la folie furieuse [12] et voilà pourquoi on doit éviter la colère pour une question non de modération mais de santé. Porte-toi bien.

Notes

1. *Luxuria* : précédemment traduit par « luxe » ; le mot, en effet, recouvre une double signification : d'une part, magnificence, goût du faste, habitude de vivre dans le luxe ou, pour ainsi dire, la « débauche » de richesses, ce qui correspond au grec : *poluteleia* ; d'autre part, abandon à la jouissance sensuelle, « débauche » sexuelle, mollesse, ce qui traduit le grec : *truphê*. C'est ce double reproche que l'on retrouve toujours dans la critique de la vie de la haute société romaine à l'époque impériale.

2. Fêtes du solstice d'hiver, en l'honneur de Saturne. À la façon du carnaval médiéval, ces jours-là, tout était permis et l'autorité renversée : les esclaves se faisaient servir par leurs maîtres et pouvaient impunément se moquer d'eux. Les réjouissances (dîners, échange de cadeaux...) se déroulaient dans la plus grande licence.

3. Jeu de mots probablement : « changer de costume » signifie ordinairement prendre des vêtements de deuil.

4. Lors des Saturnales, on portait volontiers le bonnet – en signe de liberté – dont on coiffait les esclaves lors de leur affranchissement.

5. Timon dit le Misanthrope, qui vécut à Athènes au Ve siècle av. J.-C. Il est raillé par Aristophane dans *Les Oiseaux*, et mis en scène par Lucien dans un de ses dialogues. Sénèque critique donc ici les riches désabusés qui prennent cet exercice de pauvreté comme divertissement.

6. Poteau d'escrime contre lequel s'entraînaient les soldats.

7. C'est-à-dire « sous l'archontat » d'un nommé Charinos (latinisation de la fonction comme du nom propre).

8. Épicure, frg. 158 Usener.

9. Sénèque applique ici au plaisir le qualificatif qu'en bon stoïcien il réserve normalement au bien : il dit donc *summa uoluptas* au lieu de *summum bonum* (souverain bien) ; de même que plus haut (par. 9) il parle de « plaisir plein et achevé », termes qu'il devrait récuser pour qualifier les plaisirs (toujours insatisfaits, jamais durables) et qu'il utiliserait de préférence pour la sagesse ou le bonheur du sage : voir par exemple *Lettre* 16, 1 : « sagesse parfaite » (*perfecta sapientia*).

10. Virgile, *Énéide*, 8, 364-365.

11. Épicure, frg. 484 Usener.

12. *Furor* (« folie furieuse », « délire ») : la passion tragique par excellence qui domine le théâtre de Sénèque. L'expression délirante est le symptôme de la « déraison » ou perte de la raison, qui est perte de la santé de l'âme. Ainsi « folie », dans la phrase d'Épicure qui vient d'être citée (par. 14), traduit *insania*, terme auquel répond le dernier mot de la lettre : *sanitas* (santé). Aussi bien *insania* est équivalent à *stultitia* (sottise, déraison) et l'adjectif *insanus* (fou) à *stultus* (sot) : voir *Lettre* 1, note 4.

LETTRE 19

1   J'exulte chaque fois que je reçois tes lettres ; c'est qu'elles m'emplissent d'un bon espoir et que, déjà, elles n'apportent plus de promesse à ton sujet mais une garantie. Oui, fais-le [1], je t'en prie et t'en conjure – qu'ai-je, en effet, de mieux à demander à un ami que ce que je demanderai pour lui-même ? Si tu le peux, dérobe-toi à ces occupations ; sinon, retire-t'en. Nous avons gaspillé assez de temps : commençons, dans la vieillesse, à rassembler les bagages.

2   Y a-t-il de quoi être mal vu ? Nous avons vécu en mer, mourons au port. Et ce n'est pas moi qui te conseillerais de chercher un renom dans le loisir car tu ne dois ni l'afficher ni le dissimuler ; jamais, en effet, tout en condamnant la folie du genre humain, je ne t'en éloignerai jusqu'à vouloir te ménager une cachette et l'oubli : fais en sorte que ton loisir ne ressorte pas mais transparaisse.

3   Ils verront ensuite à ce sujet, ceux qui en sont encore au moment de décider s'ils veulent passer toute leur vie dans l'obscurité ; quant à toi, tu n'es pas libre de le faire : t'ont placé sur le devant de la scène la vigueur de ton talent, l'élégance de tes écrits, de brillantes et célèbres amitiés ; déjà la notoriété s'est emparée de toi ; tu auras beau plonger aux extrémités du monde et t'enfouir profondément, tes actes passés te désigneront.

4   Tu ne peux atteindre les ténèbres ; suivra, où que tu fuies, beaucoup de ton ancienne lumière. Tu peux affirmer la propriété de ton repos sans susciter la haine de

quiconque, sans regret ou remords de ton âme. Qu'abandonneras-tu, en effet, que tu puisses penser avoir abandonné à contrecœur ? Des clients [2] ? Aucun d'entre eux n'est attaché à toi-même mais à quelque chose de toi ; autrefois, c'était l'amitié qu'on recherchait, maintenant c'est une proie ! Des vieillards isolés changeront leur testament, le salueur passera à un autre seuil. Une grande chose ne peut coûter peu : évalue si tu préfères t'abandonner toi ou quelque chose de ce qui est à toi.

5   Ah ! Si seulement il t'avait été donné de vieillir sans dépasser tes origines et si la fortune ne t'avait pas envoyé en haut ! T'ont emporté loin de la perspective d'une vie salutaire une chance rapide, une province, une procuratèle et tout ce que promettent ces charges ; de plus grandes par la suite, te requerront, issues les unes des autres.

6   Quel en sera le terme ? Pourquoi attends-tu de cesser d'avoir quelque chose à désirer ? Ce moment ne sera jamais. De même, disons-nous, qu'il y a une série de causes [3] à partir desquelles se noue le destin, de même il y a une série de désirs : la fin de l'un en fait naître un autre. Tu es tombé dans une vie telle que jamais pour toi elle ne mettra une borne d'elle-même à tes malheurs et à ta servitude : dérobe ta nuque au joug qui l'a usée. Il vaut mieux qu'elle soit tranchée en une seule fois que toujours écrasée.

7   Si tu te reportes à des activités privées, toutes seront plus petites mais empliront à souhait, tandis que maintenant, en très grand nombre, elles te sont assenées de toute part sans te rassasier. Or, préfères-tu la satiété issue de l'indigence ou la faim dans l'abondance ? La chance est avide comme elle est exposée à l'avidité d'autrui ; aussi longtemps que rien ne te suffira, toi-même tu ne suffiras pas aux autres.

8   « Comment, demandes-tu, en sortirai-je ? » C'est selon. Pense combien d'épreuves tu as affrontées avec

témérité pour de l'argent, combien avec peine pour un honneur ; il faut oser quelque chose aussi pour le loisir, ou bien vieillir dans cette inquiétude pour des procuratèles et ensuite pour des charges urbaines, dans l'alarme et dans des vagues toujours renouvelées auxquelles il n'est donné d'échapper par aucune modestie, aucun repos de la vie. Qu'importe, en effet, que tu veuilles ou non, toi, te reposer ? Ta fortune ne le veut pas. Que sera-ce si tu lui permets encore maintenant de croître ? Tout ce qui se sera ajouté aux succès s'ajoutera aux peurs.

9   Je veux te rapporter en cet endroit un mot de Mécène, une vérité qu'il a prononcée à même le chevalet [4] :

« *C'est leur hauteur même qui foudroie les cimes* [5]. » Si tu demandes dans quel livre il l'a dit, c'est dans celui qui est intitulé *Prométhée*. Il a voulu dire : « qui fait foudroyer les cimes ». Existe-t-il donc une puissance d'un si grand prix pour que tu tiennes de si ivres propos ? Cet homme était talentueux, il aurait donné à l'éloquence romaine un grand exemple si la chance ne lui avait pas ôté le nerf, ou pire, castré ! Voilà l'issue qui te reste si tu ne replies pas dès maintenant les voiles, si, comme il l'a voulu trop tard, tu ne longes pas les terres.

10 Je pourrais, avec cette phrase de Mécène, régler mon compte avec toi, mais tu me chercheras querelle si je te connais bien, et tu ne voudras accepter ce que je dois qu'en monnaie en relief et de bon aloi ! Pour qu'il en soit ainsi, c'est à Épicure que l'emprunt doit être fait : « Il faut, dit-il, regarder autour de toi avec qui tu manges et bois avant (de regarder) ce que tu manges et bois ; car un repas de viande sans ami, c'est une vie de lion et de loup [6]. »

11 Cela ne te sera pas donné à moins que tu ne te retires ; autrement, tu auras des convives qu'un huissier aura trié dans la foule des salueurs ; or il fait erreur celui qui va chercher un ami dans l'atrium pour l'éprouver à table. Il ne connaît pas de malheur plus grand, l'homme occupé

et assiégé par ses propres biens, que de se croire des amis en ceux pour lesquels lui-même n'en est pas un, que de juger efficaces ses propres bienfaits [7] pour se concilier les âmes alors que certains haïssent d'autant plus qu'ils sont plus redevables : légère, une dette fait un débiteur, lourde (elle fait) un ennemi.

12 « Quoi donc ? Les bienfaits ne procurent pas des amitiés ? » Si, à condition qu'il ait été permis de choisir ceux qui les recevront, s'ils ont été placés, non gaspillés C'est pourquoi, dans cette période où tu commences à dépendre de ton intelligence, suis ce conseil des sages : estime plus important qui a reçu plutôt que ce qu'il a reçu. Porte-toi bien.

Notes

1. Tout le début de cette lettre, qui est une exhortation à se retirer de la vie publique, reprend plusieurs expressions de la *Lettre* première.

2. La « clientèle » des riches Romains était constituée d'hommes libres mais peu fortunés qui avaient besoin de la protection d'un « patron ». Celui-ci leur offrait chaque matin, quand ils venaient le saluer, la sportule, sorte de panier-repas pour la journée. Il leur apportait aussi son aide en cas de besoin. En échange de quoi, les clients soutenaient la candidature de leur « patron » aux élections. Sous l'Empire, la clientèle est assimilée à une foule d'oisifs parasites mais ne constitue pas moins une chaîne de solidarité sociale importante à Rome : on est, finalement, toujours le client de plus puissant que soi…

3. Il s'agit, dans la doctrine stoïcienne, de la succession des causes antécédentes qui unissent les événements les uns aux autres (ou « concaténation »), le destin (*fatum* traduisant *heimarmenê*) se définissant par une « chaîne de causes ».

4. C'est-à-dire au faîte de sa réussite : Mécène (69-8 av. J.-C.), l'ami et le conseiller d'Auguste, protecteur des lettres, poète lui-même et célèbre pour sa vie raffinée. Sénèque le cite toujours pour

critiquer ses mœurs qu'il met en rapport avec l'allure « maniérée »
ou « efféminée » de son style : double effet, selon lui, de cette vie
dans le faste. Voir *Lettre* 114, par. 4 à 21.

5. Mécène, frg. 10 Lunderstedt.

6. Épicure, frg. 542 Usener.

7. Sous la République, la solidarité sociale passait par le juste
accomplissement de ses devoirs (ou charges, *officia*) par le citoyen,
le cas échéant au détriment de son intérêt personnel : Cicéron écrivit un traité *De officiis*. Sous l'Empire, la société se modifie face à
la réalité du pouvoir du Prince, les fonctions du citoyen perdent
leur enjeu en devenant de simples obligations que Sénèque présente
ici, à la limite, comme encombrantes, au profit des liens sociaux
qui unissent individu à individu : le juste échange de services ou
« bienfaits » est l'objet du traité *De beneficiis* de Sénèque (qu'il
reprend pour Lucilius dans la *Lettre* 81). Voir F.-R. Chaumartin,
*Le De beneficiis de Sénèque, sa signification philosophique, politique
et sociale*, Les Belles Lettres, 1985.

LETTRE 20

1   Si tu te portes bien et que tu te crois digne de te rendre un jour à toi-même, je m'en réjouis ; à moi reviendra, en effet, la gloire de t'avoir tiré de ce lieu où tu es ballotté sans espoir d'en sortir. Or, ce que je te demande, mon cher Lucilius, et à quoi je t'exhorte, c'est de faire descendre jusqu'au fond de tes entrailles la philosophie et de saisir l'expérience de ton progrès non par tes paroles ni par tes écrits, mais par la fermeté de ton âme, par la diminution de tes désirs : prouve les mots par les choses.

2   Ils ont un autre projet, ceux qui, en déclamant, cherchent à capter l'assentiment de leur cercle (d'auditeurs), ils en ont un autre, ceux qui, par une argumentation variée et volubile, retiennent l'oreille des jeunes gens et des oisifs ; la philosophie enseigne à faire, non à dire, et elle exige que chacun vive selon sa loi [1], que la vie ne soit pas en dissension avec les paroles ou plutôt que la vie ne le soit pas avec elle-même. Qu'une soit la couleur de toutes les actions. Le plus grand devoir de la sagesse, comme son plus grand indice, c'est que les œuvres concordent avec les mots, que l'homme soit partout égal et identique à lui-même. « Qui le garantira ? » Peu de gens, quelques-uns cependant. C'est, en effet, difficile, et je ne dis pas que le sage ira toujours du même pas, mais par la même route.

3   Observe-toi donc pour savoir si tes vêtements et ta maison ne sont pas en dissension, si, prodigue envers toi-même, tu n'es pas mesquin envers les tiens, si, dînant avec

sobriété, tu ne bâtis pas dans le luxe ; adopte une bonne fois une règle de vie unique et aligne sur elle toute ta vie. Certains se resserrent à la maison, se dilatent au-dehors et s'étalent : c'est un vice que cette contradiction, et le signe d'une âme vacillante, n'ayant pas encore trouvé sa propre tenue[2].

4 En outre, je dirai d'où vient cette inconstance et cette différence entre les choses et les résolutions : nul ne se fixe comme but ce qu'il veut ni ne persévère dans le but qu'il s'est fixé mais saute par-dessus ; et non seulement il change mais revient en arrière et retombe dans ce qu'il a déserté et condamné.

5 C'est pourquoi, laissant de côté les anciennes définitions de la sagesse pour embrasser la mesure tout entière de la vie humaine, je puis me contenter de ceci : qu'est-ce que la sagesse ? Toujours vouloir la même chose et ne pas vouloir la même chose[3]. Il est permis de ne pas ajouter la fameuse petite restriction : que soit droit ce que tu veux. Il ne se peut pas, en effet, qu'une même chose plaise toujours à quelqu'un si elle n'est pas droite.

6 Les hommes, donc, ne savent ce qu'ils veulent qu'au moment précis où ils le veulent ; vouloir ou ne pas vouloir n'est arrêté par personne dans l'absolu ; le jugement varie chaque jour, se tourne en son contraire et pour la plupart des gens la vie se passe à jouer. Serre donc de près ce que tu as commencé et peut-être seras-tu conduit soit au sommet, soit à un niveau dont tu seras le seul à comprendre que ce n'est pas encore le sommet.

7 « Que deviendra, demandes-tu, cette foule que forme ma maisonnée sans fortune à la maison ? » Cette foule, quand elle aura cessé de se nourrir à tes dépens, se nourrira par elle-même, ou bien, ce que tu ne peux savoir, toi, par ton propre bienfait, tu le sauras par celui de la pauvreté : elle retiendra les amis vrais et sûrs ; s'en ira tout homme qui ne s'attachait pas à toi mais à autre chose. Or, ne faut-il pas aimer la pauvreté même à ce seul titre,

qu'elle te montrera par qui tu es aimé ? Oh ! Quand viendra-t-il, ce jour où nul ne te mentira pour te rendre honneur !

8   Voici donc où tendre tes pensées, voilà ton souci, voilà ton souhait, pour épargner au dieu tous les autres vœux : contente-toi de toi-même et des biens qui naissent de toi. Quel bonheur peut être plus proche ? Ramène-toi à de petites choses d'où tu ne puisses tomber, et pour que tu le fasses plus volontiers, j'en ferai l'objet du tribut de cette lettre que je t'apporte à l'instant.

9   Tu auras beau me regarder de travers, c'est encore aujourd'hui Épicure qui paiera volontiers pour moi : « ton langage, crois-moi, paraîtra d'autant plus magnifique sur un grabat et dans un chiffon ; ce ne seront pas, en effet, seulement des paroles mais des preuves [4] ». Quant à moi, du moins, j'écoute autrement ce que dit notre Démétrius [5] quand je l'ai vu nu, couché sur bien moins qu'une paillasse : il ne donne pas de préceptes de vérité mais un témoignage.

10   « Quoi donc ? N'est-il pas permis de mépriser les richesses déposées dans notre bourse ? » Pourquoi ne le serait-il pas permis ? Celui-là aussi possède une énorme force d'âme qui, les voyant répandues tout autour de lui, s'étonne fort et longuement qu'elles soient venues jusqu'à lui, en rit et laisse dire qu'elles sont à lui plutôt qu'il ne le ressent. C'est beaucoup de ne pas être corrompu par la compagnie des richesses ; il est grand celui qui est pauvre au milieu des richesses.

11   « Je ne sais pas, dis-tu, comment cet homme supportera la pauvreté s'il y tombe. » Moi non plus, Épicure, je ne sais si ce pauvre méprisera les richesses, s'il y tombe ! C'est pourquoi, dans les deux cas, il faut évaluer l'intelligence et regarder si l'un se complaît dans la pauvreté, si l'autre ne se complaît pas dans les richesses. Autrement, grabat ou chiffon ne sont qu'une preuve légère de bonne

volonté à moins qu'il ne soit visible qu'on ne les subit pas par nécessité mais qu'on les préfère.

12 Du reste, c'est le fait d'un grand caractère de ne pas se hâter vers ces usages comme s'ils étaient meilleurs, mais de s'y préparer comme s'ils étaient faciles. Et ils le sont, Lucilius, faciles ! En vérité, quand tu t'en seras approché après t'y être beaucoup entraîné, ils seront aussi agréables ; il existe, en effet, en eux ce sans quoi rien n'est agréable : l'absence de soucis [6].

13 Je juge donc nécessaire (de faire) ce que je t'ai écrit que de grands hommes ont souvent fait : de placer à intervalle quelques jours où nous nous exercerons par une pauvreté imaginaire à la vraie ; ce qu'il faut faire d'autant plus que nous sommes tout imbibés de raffinements et que nous jugeons toute chose dure et difficile. Il faut de préférence sortir l'âme du sommeil, la picoter et l'avertir que la nature nous a constitué un tout petit fonds. Nul ne naît riche ; tout homme qui arrive à la lumière a reçu l'ordre de se contenter de lait et d'un chiffon : après de tels débuts, des royaumes ne nous convainquent pas ! Porte-toi bien.

Notes

1. De la définition première de Zénon : « vivre conformément à la nature » (voir note 3 de la *Lettre* 17), on passe à « vivre conformément à sa propre nature ». Ce renouvellement de la doctrine semble dû à Panétius (vers 180-vers 100 av. J.-C.), qui, envoyé comme ambassadeur à Rome en 169, y introduisit le stoïcisme, par l'intermédiaire du cercle des Scipions. Distinguant en l'homme des impulsions irrationnelles (*hormai*) et des tendances « où s'associent nature et raison » (*aphormai*), il préconise de « régler par la raison (ces) tendances naturelles, qui apparaissent déjà chez l'animal, en freinant et en disciplinant les instincts brutaux » (préface du recueil *Les Stoïciens, op. cit.*, p. XLI, rédigée par P.-M. Schuhl). Par suite,

Panétius fut le premier à développer une théorie de la personne sur laquelle s'appuiera Cicéron dans le *De officiis* : voir dans le t. I de l'*Histoire de la philosophie* (Gallimard, « Encyclopédie de la Pléiade », 1969), le chapitre intitulé « La philosophie en Grèce et à Rome de 130 av. J.-C. à 250 apr. J.-C. », p. 773 *sq.*, rédigé par A. Michel. Chez Sénèque, nous retrouvons, comme on l'a déjà noté, l'effort d'intériorisation de l'autonomie individuelle (située dans la conscience de chacun).

2. *Tenor* (« tenue » au sens de « continuité ») qu'il ne faut pas confondre avec l'*intentio*, ou tension de l'âme (en grec : *tonos*), l'une étant, en somme, la propriété de l'autre.

3. Le rôle de la volonté, si important dans le stoïcisme de Sénèque, a été analysé par A.J. Voelke, *L'Idée de volonté dans le stoïcisme, op. cit.*, p. 161 *sq.*

4. Épicure, frg. 206 Usener.

5. Démétrius le Cynique, contemporain de Sénèque, bien introduit dans les cercles de l'opposition aristocratique. Cité dans les *Annales* de Tacite, XIV, 12, et XVI, 34-35, comme un proche de Thraséa, il est finalement banni par Néron puis par Vespasien (Philostrate, *Vita Apol.*) : voir E. Cizek, *L'Époque de Néron et ses controverses idéologiques*, Leyde, Brill, 1972, p. 247-249. Sénèque aimait à l'écouter lorsqu'il fustigeait tous les raffinements de la civilisation gréco-romaine par des formules frappantes, et fait plusieurs fois l'éloge de l'austérité de sa vie (voir en particulier la *Lettre* 62, 3, et *De uita beata*, 18).

6. *Securitas*, mot traduit souvent dans ces pages par « absence de soucis » (matériels), conformément à l'étymologie (*cura*, soin, souci), quand il s'agit de la vie quotidienne ; il signifie aussi « sécurité » (politique) : les deux sens se confondent en réalité, l'aisance matérielle dépendant de la gestion du patrimoine et du négoce, des relations d'affaires, rivalités et influences et, en définitive, de la faveur impériale.

LETTRE 21

1   Tu juges avoir fort à faire avec les gens à propos desquels tu m'as écrit : ta plus grande affaire, tu l'as avec toi-même, c'est toi qui es une charge pour toi. Tu ne sais pas ce que tu veux, tu sais mieux approuver les conseils honorables que les suivre, tu vois où a été placé le bonheur mais tu n'oses parvenir jusqu'à lui. Or, ce qu'il y a qui t'en empêche, puisque toi-même tu le discernes mal, je le dirai : tu estimes grandes les choses que tu vas abandonner, et lorsque tu t'es fixé comme but cette absence de soucis à laquelle tu vas passer, te retient l'éclat de cette vie d'où tu vas te retirer comme si tu allais tomber dans un état mesquin et obscur.

2   Tu fais erreur, Lucilius : de cette vie à l'autre, on monte. La différence qui existe entre le brillant et la lumière – celle-ci ayant une source déterminée et qui lui est propre, l'autre resplendissant de l'éclat d'autrui – c'est celle qui existe entre cette vie et l'autre : l'une a été frappée par un éclat venant de l'extérieur, tout homme qui lui fera obstacle projettera immédiatement une ombre épaisse sur elle ; l'autre étincelle de sa propre luminosité. Tes études de rendront illustre et célèbre.

3   Je te citerai l'exemple d'Épicure. Comme il écrivait à Idoménée [1] et qu'il l'appelait à s'éloigner d'une vie bien en vue pour rejoindre une gloire fidèle et stable (il était alors ministre d'une puissance royale et traitait de grandes affaires), il lui dit : « Si tu es touché par la gloire, mes lettres te rendront plus connu que toutes ces affaires

auxquelles tu te dévoues et à cause desquelles on t'est dévoué[2]. »

4 Est-ce qu'il a donc menti ? Qui connaîtrait Idoménée si Épicure n'avait gravé (à jamais) son nom dans ses écrits ? Tous ces mégistans[3], ces satrapes, le roi lui-même dont dépendait le titre d'Idoménée, un oubli profond les a fait disparaître. Le nom d'Atticus[4], les lettres de Cicéron ne le laissent pas se perdre. Ne lui aurait servi de rien d'avoir pour gendre Agrippa, Tibère pour petit-gendre et Drusus César pour arrière-petit-fils ; parmi de si grands noms on tairait le sien si Cicéron ne l'avait pris à ses côtés.

5 Une profonde couche de temps viendra au-dessus de nous, peu de génies sortiront la tête et, destinés à s'en aller dans le même silence un jour ou l'autre, ils résisteront à l'oubli et affirmeront longtemps la propriété d'eux-mêmes. Ce qu'Épicure a pu promettre à son ami, je te le promets, Lucilius : j'aurai la faveur de la postérité, je peux faire sortir avec moi des noms qui dureront. Notre Virgile a promis un souvenir éternel à deux personnages[5] et leur garantit :

« Couple fortuné ! Si mes chants ont quelque pouvoir, nul jour jamais ne vous enlèvera au souvenir des âges, tant que la maison d'Énée jouxtera le rocher immobile du Capitole et que le Patricien romain aura la souveraineté[6]. »

6 Tous ceux que la fortune a portés sur le devant de la scène, tous ceux qui ont été les membres et les agents de la puissance d'un autre, leur faveur a été en plein essor, leur maison très fréquentée tant qu'eux-mêmes ont été debout ; après eux, leur souvenir a vite fait défaut. La considération des génies va croissant et non seulement on rend honneur à leur personne mais on recueille tout ce qui s'est attaché à leur souvenir.

7 Pour qu'Idoménée ne soit pas venu gratuitement dans ma lettre, c'est lui-même qui en paiera le prix sur son

compte. C'est à lui qu'Épicure a écrit cette célèbre sentence par laquelle il l'exhorte à faire de Pythoclès [7] un grand propriétaire sans emprunter la route de tout le monde qui est risquée : « Si tu veux, dit-il, faire de Pythoclès un riche, il ne faut pas ajouter à son argent mais retrancher à son désir [8]. »

8   Trop évidente est cette sentence pour qu'il faille l'interpréter, trop éloquente pour qu'il faille la commenter. Je t'avertis seulement de ceci : ne va pas estimer que ce mot n'a été dit qu'à propos des richesses ; à quoi que tu l'appliques, il aura la même portée. Si tu veux faire de Pythoclès un homme honorable, il ne faut pas ajouter à ses honneurs mais retrancher à ses désirs ; si tu veux que Pythoclès soit dans un plaisir perpétuel, il ne faut pas ajouter à ses plaisirs mais retrancher à ses désirs ; si tu veux faire de Pythoclès un vieillard et remplir sa vie, il ne faut pas ajouter à ses années mais retrancher à ses désirs.

9   Ces paroles, il n'y a pas de raison de juger qu'elles sont d'Épicure : elles sont à tout le monde. Ce qu'on a l'habitude de faire au Sénat, j'estime, moi, qu'il faut le faire aussi en philosophie : lorsque quelqu'un a émis un avis qui me plaît en partie, je l'invite à diviser la question et je suis ce que j'approuve. C'est d'autant plus volontiers que je rappelle des mots remarquables d'Épicure qu'à ceux qui se réfugient chez lui, conduits par un mauvais espoir, qui estiment qu'ils posséderont un voile pour couvrir leurs vices, ils apportent la preuve qu'où qu'ils aillent, il faut vivre honorablement.

10   Lorsque tu arriveras à ses petits jardins [9] et que tu liras l'inscription : « hôte, ici tu te trouveras bien, ici le souverain bien est le plaisir », le gardien de cette demeure sera prêt, hospitalier, humain, il t'accueillera avec de la polenta, te versera aussi de l'eau largement et dira : « Est-ce que tu as été bien reçu ? » « Ces petits jardins, ajoute-t-il, n'excitent pas la faim mais l'apaisent et ils n'augmentent pas la soif par les boissons elles-mêmes,

mais la calment avec un remède naturel et gratuit ; voilà le plaisir dans lequel j'ai vieilli. »

11 Je te parle de ces besoins qui n'admettent pas de consolation, auxquels il faut donner quelque chose pour qu'ils cessent. Car, pour les besoins exceptionnels qu'il est permis de différer, qu'il est permis de châtier et de réprimer, je n'aurai qu'un point à rappeler : ce plaisir est naturel, non nécessaire. Tu ne lui dois rien ; si tu fais quelque dépense, elle est volontaire. Le ventre n'écoute pas les préceptes, il réclame, il somme. Ce n'est pas, pourtant, un créancier pesant : on le renvoie avec peu, pourvu que tu lui donnes ce que tu dois, non ce que tu peux. Porte-toi bien.

FIN DU LIVRE II

Notes

1. Idoménée de Lampsaque, marié à une sœur d'Épicure (d'après Diogène Laërce, 10, 23). Souvent cité par Plutarque pour avoir justement écrit sur les hommes illustres.
2. Épicure, frg. 132 Usener.
3. Titre de grands personnages dans les cours d'Asie.
4. T. Pomponius Atticus, célèbre ami et correspondant de Cicéron, appartenant à une vieille famille romaine : comme le rappelle ici Sénèque, Agrippa avait épousé Pomponia, sa fille, et Tibère épousa Vipsania, née de ce mariage ; Drusus César est leur fils : voir Suétone, *Tibère*, 7.
Si le premier exemple de correspondance célèbre réunit Épicure et l'un de ses disciples, le second lie Cicéron, stoïcien éclectique, peut-on dire, fortement engagé, comme on sait, dans la vie politique de son temps, et Atticus, homme de lettres, épicurien convaincu, qui ne se mêla jamais aux affaires : voir P. Grimal, *Cicéron*, Fayard, 1986, p. 47 *sq.*, et 301 *sq.*

5. Nisus et Euryale, deux guerriers formant un couple d'amis exemplaire.
6. Virgile, *Énéide*, 9, 446-449.
7. Encore un disciple d'Épicure (voir Diogène Laërce, 10, 5 et 6).
8. Épicure, frg. 135 Usener.
9. C'est-à-dire le Jardin où vivaient Épicure et ses disciples. C'est dans une lettre comme celle-ci que l'on perçoit le mieux la démarche de Sénèque à l'égard de son correspondant : si Lucilius a des tendances épicuriennes, il faut le convaincre qu'à Rome l'épicurisme a été dévoyé. La véritable philosophie du Jardin vise à la limitation des désirs en opérant la célèbre distinction entre plaisirs naturels et nécessaires, naturels et non nécessaires, ni naturels ni nécessaires (voir par. 11). Au par. 8, il est question du « plaisir perpétuel », habile utilisation du mot pour en faire le point de rencontre entre les deux philosophies adverses : c'est par l'ascétisme épicurien bien compris que peut s'effectuer la conversion au stoïcisme de Lucilius. Voir note 3 de la *Lettre* 2. Ce terrain commun est issu de la tradition cynico-socratique.

LIVRE III

LETTRE 22

1   Tu comprends désormais que tu dois te sortir de ces occupations en vue et mauvaises, mais tu demandes comment tu peux y arriver. Certaines actions ne se démontrent que sur place ; un médecin ne peut choisir le moment de manger ou de prendre un bain par correspondance : il faut tâter le pouls. Un vieux proverbe dit que le gladiateur prend sa décision dans l'arène : quelque chose sur le visage de l'adversaire, quelque chose dans le mouvement de la main, quelque chose dans l'inclinaison même du corps avertit l'observateur.

2   Ce qui se fait d'habitude, ce qu'il convient de faire, on peut en général le consigner et l'écrire ; un conseil de ce genre est donné non seulement pour les absents mais encore à la postérité ; quant à cette autre question, de savoir quand cela doit être fait ou de quelle manière, nul ne conseillera de loin, il faut délibérer avec les faits eux-mêmes.

3   Il ne s'agit pas seulement d'être présent, mais d'être vigilant pour guetter l'occasion qui se hâte [1] ; c'est pourquoi, cherche-la du regard autour de toi, si tu la vois, saisis-la, et de tout ton élan, de toutes tes forces fais en sorte de te dépouiller de ces charges. Et, bien sûr, sois attentif à l'avis que je vais prononcer : je juge que tu dois quitter ou cette vie, ou la vie. Mais, en même temps, j'estime qu'il faut aller doucement, afin de dénouer plutôt que de rompre le lien que tu as mal engagé, pourvu que, s'il n'y a pas d'autre méthode pour le

dénouer, tu le rompes quand même. Nul n'est si craintif qu'il préfère toujours pendre que de tomber une bonne fois !

4   En attendant, ce qui est primordial, ne t'entrave pas toi-même ; contente-toi des affaires dans lesquelles tu t'es plongé, ou plutôt, comme tu préfères le paraître, où tu es tombé (par hasard). Il n'y a pas lieu de faire des efforts au-delà, ou tu perdras ton excuse et il sera visible que tu n'y es pas tombé ! Ces raisons, en effet, qu'on invoque, d'habitude, sont fausses : « Je n'ai pu faire autrement. Et si je ne voulais pas ? C'était nécessaire... » Il n'est nécessaire pour personne de courir après la chance ; c'est quelque chose, même si tu ne luttes pas contre, de s'arrêter et de ne pas presser la fortune qui te porte.

5   Est-ce que tu seras offensé si je ne viens pas seulement siéger en conseil mais que j'appelle des hommes bien entendu plus prudents que je ne le suis moi-même, auxquels j'ai l'habitude de m'en rapporter si j'ai quelque chose en délibération ? Lis une lettre d'Épicure qui concerne notre sujet, celle intitulée « à Idoménée [2] » à qui il demande de se hâter de fuir autant qu'il peut avant qu'une force plus grande n'intervienne et ne lui ôte la liberté de se retirer.

6   Il précise, cependant, qu'on ne doit rien essayer si l'on ne peut le faire à propos et au moment opportun ; mais lorsque ce moment qu'on a longtemps cherché à attraper est venu, on doit sauter le pas, déclare-t-il. Il interdit de s'endormir à qui pense à la fuite, et espère une issue salutaire même dans les circonstances les plus difficiles, si nous ne nous hâtons pas avant le moment ni ne nous relâchons sur le moment.

7   Maintenant, je suppose, tu demandes aussi un avis stoïcien. Il n'y a pas lieu de les taxer devant toi de témérité : ils sont plus réfléchis que courageux [3]. Tu t'attends peut-être à ce qu'ils te disent : « Il est honteux de plier sous son fardeau ; bas-toi avec ta charge une fois que tu

l'as reçue. Il n'est pas courageux ni vaillant l'homme qui fuit l'effort, si sa force d'âme ne va pas croissant avec la difficulté même des choses. »

8   Voici ce qu'ils te diront s'il vaut la peine de persévérer, s'il n'y a rien à faire ou à subir qui soit indigne d'un homme bon ; autrement, il ne s'usera pas dans un effort mesquin et humiliant et ne sera pas dans les affaires pour les affaires. Il ne fera pas même ce que tu estimes qu'il fera, à savoir, engagé dans la carrière politique, supporter toujours ses bouillonnements ; mais quand il verra les ennuis dans lesquels il roule, les incertitudes, les risques, il lâchera pied, ne tournera pas le dos, mais insensiblement se retirera en lieu sûr.

9   Or il est facile, mon cher Lucilius, d'échapper aux occupations si tu méprises la valeur des occupations ; c'est elle qui nous retarde et nous retient. « Quoi donc ? j'abandonnerai de si grands espoirs ? je partirai en pleine moisson ? Personne à mon côté, une litière sans escorte, un atrium vide ? » Voilà donc de quoi les hommes se retirent à contrecœur, et ils aiment le salaire de leurs malheurs, tout en les maudissant !

10   Ils se plaignent de leur carrière politique comme d'une maîtresse, c'est-à-dire, si tu regardes leur véritable passion, qu'ils ne la haïssent pas mais lui font une scène. Examine-les de près, ceux qui pleurent sur ce qu'ils ont désiré et qui parlent de fuir ces choses dont ils ne peuvent se passer : tu verras qu'ils s'attardent volontairement dans ce qu'ils supportent dans la gêne et le malheur, à les entendre parler !

11   Oui, Lucilius, la servitude retient peu d'hommes, un plus grand nombre retient la servitude. Mais si la déposer est le dessein de ton âme, si tu es de bonne foi quand tu apprécies la liberté, et que tu ne sollicites un délai que dans le but de trouver l'occasion de le faire sans éprouver une inquiétude perpétuelle, pourquoi la cohorte tout entière des stoïciens ne t'approuverait-elle pas ? Tous les

Zénons et les Chrysippes te conseilleront des actions modérées, honorables.

12 Mais si, le dos tourné, tu n'hésites que pour regarder alentour combien emporter avec toi, et avec quelle (grande) somme d'argent équiper ton loisir, jamais tu ne trouveras l'issue : personne ne surnage avec ses bagages. Sors du flot pour mener une vie meilleure, les dieux t'étant propices, mais non pas comme ils sont propices à ces gens auxquels, d'un air bon et bienveillant, ils ont attribué des maux magnifiques, avec pour seule excuse que ces dons qui brûlent, qui torturent ont été faits à qui les souhaitait.

13 Déjà j'imprimais mon sceau sur la lettre. Il faut la rouvrir pour qu'elle t'arrive avec le petit cadeau d'usage et qu'elle emporte avec elle quelque phrase magnifique ; et voici qu'elle se présente à moi, je ne sais si elle est plus vraie ou plus éloquente. « De qui ? » demandes-tu. D'Épicure. J'apporte encore, en effet, les bagages d'autrui :

14 « Il n'est personne qui ne sorte de la vie comme s'il venait d'y entrer[4]. » Prends qui tu veux, un jeune homme, un vieillard, un homme d'âge moyen, tu les trouveras également craintifs devant la mort, également ignorants devant la vie. Personne n'a rien de fait ; nous avons, en effet, différé nos affaires dans l'avenir. Rien ne me réjouit plus dans cette phrase que ce reproche d'enfance fait aux vieillards !

15 « Personne, dit-il, ne sort de la vie autrement que comme il est né. » C'est faux : nous mourons plus mauvais que nous sommes nés. C'est notre faute, pas celle de la nature. Elle, elle a le devoir de se plaindre de nous en disant : « Qu'est ceci ? Je vous ai mis au monde sans désirs, sans craintes, sans superstition, sans perfidie ou aucun autre fléau ; sortez tels que vous êtes entrés. »

16 On a appris la sagesse si l'on meurt aussi dénué de soucis qu'en naissant ; mais, en réalité, nous tremblons

lorsque le danger est proche, nous perdons notre force d'âme, nous perdons nos couleurs, tombent des larmes qui ne serviront à rien. Qu'y a-t-il de plus honteux que d'être inquiet au seuil même d'un état sans souci ?

17   Or en voici la raison : nous sommes dépourvus de tous les biens, nous souffrons d'avoir gâché notre vie. Pas une seule de ses parties, en effet, ne s'est déposée à nos côtés, on l'a laissée passer et elle s'est écoulée.

Personne ne se soucie de vivre bien mais de vivre longtemps, alors qu'il est accessible à tout le monde de vivre bien – de vivre longtemps, à personne. Porte-toi bien.

Notes

1. « L'occasion rapide » qu'il ne faut pas rater existe dans les préceptes hippocratiques comme dans la tradition stoïcienne : elle fonde la doctrine de l'*eukairia* ou « vertu d'opportunité », « d'adaptation aux circonstances » dont doit tenir compte le sage avant de se décider à agir. Voir note 3 ci-dessous.
2. Épicure, frg. 133 Usener.
3. Donc la vertu de prudence l'emporte chez le stoïcien sur le courage parce que son jugement, tenant toujours compte des circonstances (voir note 1 ci-dessus), lui impose « une règle de conduite subordonnant l'effet objectif de l'action à une fin reconnue comme supérieure ». (P. Grimal, *Sénèque ou la Conscience de l'Empire*, *op. cit.*, p. 310). Elle rejoint la tempérance, puisque la juste mesure des choses conduit précisément à adapter son acte à la situation.
4. Épicure, frg. 495 Usener.

LETTRE 23

1   Penses-tu que je vais t'écrire combien l'hiver qui a été clément et court, s'est comporté humainement avec nous, combien le printemps est mauvais, combien le froid vient à contre-temps, ainsi que les autres bêtises de ceux qui cherchent quoi dire ? Pour ma part, je t'écrirai quelque chose qui puisse être profitable et à toi et à moi. Or, que sera-ce sinon de t'exhorter à parvenir à une bonne intelligence ? Tu demandes quel en est le fondement : ne pas te réjouir de vanités. C'est le fondement, ai-je dit ? C'est le point culminant [1].

2   Parvient sur les hauteurs celui qui sait ce qui le réjouit, qui n'a pas placé son bonheur dans le pouvoir d'un autre ; est inquiet et incertain de lui-même celui qu'un espoir quelconque excite, quand il serait à portée de la main, facile à obtenir, quand les objets espérés ne l'auraient jamais déçu.

3   Fais cela, avant tout, mon cher Lucilius : apprends à te réjouir. Estimes-tu à présent que je te retire de nombreux plaisirs en écartant les biens fortuits, en estimant que les espoirs, amusements si doux, sont à éviter ? Bien au contraire, je ne veux pas que te manque jamais la bonne humeur. Je veux qu'elle naisse en ta maison ; elle y naît à condition de se produire au-dedans de toi. Toutes les autres sortes de gaieté [2] n'emplissent pas la poitrine ; elles dérident le front, sont faibles, à moins que par hasard tu ne juges, toi, joyeux, que celui qui rit ; l'âme doit être

alerte, confiante et dressée au-dessus de tous les événements.

4   Crois-moi, la vraie joie est chose sévère. Ou bien, d'après toi, est-ce un homme au visage détendu et, comme disent nos raffinés, « guilleret », qui méprise la mort, ouvre sa maison à la pauvreté, tient les plaisirs en bride, s'entraîne à endurer les souffrances ? Celui qui retourne en lui ces pensées est dans une grande joie, mais peu avenante. C'est en possession de cette joie que je veux que tu sois : elle ne te fera jamais défaut une fois que tu auras trouvé à quoi la demander.

5   L'exploitation des métaux à faible teneur se fait en surface ; les plus riches sont ceux dont est cachée en profondeur la veine qui répondra pleinement à l'attente de celui qui creuse assidûment. Ces objets que savoure le vulgaire comportent un plaisir mince et diffus, et toute joie importée manque de fondement ; celle dont je parle, vers laquelle je m'efforce de te conduire, est solide et apte à s'épanouir davantage à l'intérieur.

6   Fais, je t'en prie, très cher Lucilius, ce qui seul peut garantir le bonheur : disperse et foule aux pieds ces objets qui resplendissent à l'extérieur, qui te sont promis par un autre ou plutôt à tirer d'un autre ; regarde vers le vrai bien et réjouis-toi de ce qui est à toi. Or, que signifie ce « de ce qui est à toi ? » Toi en personne, et la meilleure partie de toi [3]. Ton pauvre corps également, même si rien ne peut se faire sans lui, crois qu'il est une chose plus nécessaire que grande ; il fournit des plaisirs vains, courts, suivis de remords et, s'ils ne sont dosés avec une grande modération, voués à passer à l'état contraire. Oui, je le dis : le plaisir se tient au bord du précipice, il penche vers la douleur s'il ne respecte pas la mesure ; or, respecter la mesure est difficile dans ce que tu as cru être un bien ; l'avide désir du vrai bien est sans risque.

7   Tu demandes ce que c'est, ou bien d'où il surgit ? Je dirai : d'une conscience bonne, d'intentions honorables,

d'actions droites, du mépris des biens fortuits, de la tenue paisible et continue de la vie quand on marche sur la même route. Car ces hommes qui sautent de projet en projet, ou qui n'y sautent même pas mais s'y laissent envoyer par quelque hasard, comment peuvent-ils posséder quelque chose de sûr ou de durable, eux qui sont en suspens et vagabonds ?

8   Peu nombreux sont ceux qui mettent de l'ordre en eux et dans leurs biens intentionnellement ; tous les autres, à la manière des objets qui nagent sur les fleuves, n'avancent pas mais se laissent porter ; parmi eux, les uns, une onde calme les a retenus et charriés mollement, d'autres, un courant violent les a entraînés, d'autres, l'eau près de la rive les a déposés quand son cours languissait, d'autres, un torrent impétueux les a rejetés en mer. Il faut donc décider ce que nous voulons et persévérer dans ce but.

9   C'est ici le lieu de payer ma dette. Je puis, en effet, te rendre une phrase de ton Épicure et acquitter cette lettre : « Il est pesant d'en être toujours à ébaucher sa vie[4] » ; ou bien, si le sens peut en être exprimé davantage de cette manière : « Ils vivent mal, ceux qui en sont toujours à commencer de vivre. »

10 Pour quelle raison ? demandes-tu. Cette phrase, en effet, a besoin d'une explication. Parce que toujours, pour ces gens-là, la vie est inachevée ; or, on ne peut se tenir prêt à mourir quand on vient de commencer à vivre. Il nous faut faire en sorte d'avoir vécu assez ; nul n'offre cette garantie, à ne faire que préparer la trame de sa vie.

11 Ne va pas estimer que ces hommes sont peu nombreux : c'est le cas de presque tout le monde. Certains, en vérité, commencent au moment où il faut cesser. Si tu juges cela étonnant, j'ajouterai de quoi t'étonner davantage : certains ont cessé de vivre avant de commencer ! Porte-toi bien.

Notes

1. C'est-à-dire que la « bonne intelligence », qui consiste, par l'exercice droit de la raison, à distinguer entre les faux et les vrais biens, procure la vraie joie (*gaudium*, en grec *chara* ; le verbe correspondant est *gaudere*, « se réjouir »).

2. Sénèque fait ici la distinction entre trois sortes de joie qu'on a essayé de reproduire dans la traduction :
— *laetitia*, manifestation commune de la joie, sentiment faible, traduit par « bonne humeur » ;
— *hilaritas*, traduit par « gaieté » (qui va avec le rire) ;
— *gaudium*, joie ressentie en profondeur (d'où la comparaison avec l'exploitation minière du par. 5), qui s'identifie au « vrai bien » ou souverain bien. Sentiment de bonheur dynamique, elle n'a donc rien à voir avec la *felicitas*, bonheur-chance (voir note 2 de la *Lettre* 8), qui dépend toujours des caprices de la fortune.

À ces trois notions, il convient d'ajouter les mots qui désignent l'acte de jouir ou de se réjouir (*delectari*, souvent traduit dans ces pages par « savourer ») de quelque chose qui plaît, qui est apprécié (*placere*) ou qui divertit (*oblectamentum*, amusement).

3. Cette réponse apparemment tautologique est explicitée d'abord par la négative : il ne s'agit pas du corps et, partant, des plaisirs ; puis, en détail, au par. 7, par une analyse qui procède de l'intérieur (état et attitude de l'âme : bonne conscience, intentions) vers l'extérieur et le contact avec le monde (actions, détachement, constance de la démarche).

4. Épicure, frg. 493 Usener. Variante d'une citation déjà donnée (voir *Lettre*, 13, 16-17).

LETTRE 24

1   Tu es inquiet, écris-tu, du jugement à venir que ton adversaire, dans sa folie furieuse, te notifie [1] ; selon toi, je vais te conseiller d'envisager pour toi-même de meilleures perspectives et de te reposer sur un espoir flatteur. Quelle nécessité y a-t-il, en effet, à faire venir les maux, à anticiper ceux qu'on doit souffrir assez tôt quand ils sont arrivés, et à perdre le temps présent par peur de l'avenir ? Il est sot, sans aucun doute, sous prétexte qu'un jour ou l'autre tu seras malheureux, d'être déjà malheureux. Mais, moi, je te conduirai loin des soucis par une autre route.

2   Si tu veux dépouiller toute inquiétude, quelque événement que tu redoutes, envisage sa venue de toute façon, et ce mal, quel qu'il soit, mesure-le toi-même par rapport à toi et évalue ta propre crainte [2] : tu comprendras assurément que ce dont tu as peur est ou bien sans importance ou bien sans durée.

3   Il ne faut pas longtemps pour réunir les exemples qui te fortifieront : toute époque en a offert. En quelque période de l'histoire nationale ou internationale que tu reportes ta mémoire, tu rencontreras des génies ou très assurés ou très inspirés. Que peut-il t'arriver de plus dur si tu es condamné que d'être envoyé en exil, que d'être conduit en prison ? Y a-t-il quelque chose que l'on doive craindre au-delà du fait d'être torturé au feu, de périr ? Énumère ces malheurs un par un et cite ceux qui les ont méprisés : on n'a pas à les chercher mais à les choisir !

4   Sa condamnation, Rutilius[3] la supporta comme si rien de grave ne lui était arrivé sauf d'être mal jugé. L'exil, Métellus[4] le supporta avec courage, Rutilius même avec plaisir ; l'un garantit à la République qu'il reviendrait, l'autre refusa son retour à Sylla auquel alors rien ne se refusait. En prison, Socrate fit une conférence[5], il ne voulut pas sortir, alors qu'il y en avait qui lui promettaient de le faire fuir, et il y demeura afin d'ôter aux hommes la peur des deux choses les plus pénibles qui soient, la mort et la prison.

5   Mucius[6] mit sa main dans les flammes. Il est atroce d'être torturé au feu, combien plus atroce d'endurer cela en le faisant toi-même ! Tu vois un homme sans instruction, ni pourvu d'aucun précepte contre la mort ou la douleur, muni de sa seule force de soldat, qui exige de lui-même une punition pour avoir échoué ; regardant sa main droite en train de se liquéfier sur un brasero de l'ennemi, il resta debout sans enlever le squelette de sa main en train de fondre avant que le feu ne lui fût soustrait par l'ennemi. Il aurait pu avoir plus de chance dans ce camp, pas plus de courage. Vois combien plus vive est la vertu pour affronter les épreuves que la cruauté pour les infliger : Porsenna pardonna plus facilement à Mucius d'avoir voulu tuer que Mucius à lui-même de n'avoir pas tué.

6   « On a rabâché, dis-tu, dans toutes les écoles ces histoires-là ! Dès qu'on en sera arrivé au mépris de la mort, tu me raconteras (celle de) Caton... » Pourquoi ne te raconterais-je pas, moi, cette dernière nuit qu'il passa à lire un livre de Platon[7], une épée posée à son chevet ? Il avait prévu ces deux moyens dans les périls extrêmes, l'un pour avoir la volonté de mourir, l'autre pour en avoir la possibilité. Donc, après avoir ordonné ses affaires autant qu'elles pouvaient l'être, réduites en pièces et à la dernière extrémité qu'elles étaient, il estima qu'il fallait faire

en sorte de ne donner à personne ni la permission de tuer Caton, ni l'occasion de le garder sauf.

7   Et, serrant son épée, qu'il avait gardée jusqu'à ce jour pure de toute effusion de sang : « Tu n'as rien fait, s'écria-t-il, fortune, en t'opposant à tous mes efforts. Ce n'est pas pour ma liberté, jusqu'ici, mais pour celle de la patrie que j'ai combattu, et je n'agissais pas avec tant d'acharnement pour vivre libre, mais parmi des hommes libres ; maintenant, puisque la situation du genre humain est désespérée, que Caton soit conduit en lieu sûr. »

8   Il s'infligea ensuite une blessure mortelle ; lorsque les médecins eurent bandé la plaie, s'il avait moins de sang, moins de vigueur, il avait la même force d'âme : en colère désormais non seulement contre César mais contre lui-même, il porta ses mains nues sur la blessure et ce noble souffle qui méprisait toute puissance, il ne le rendit pas mais le rejeta.

9   Si j'entasse maintenant des exemples, ce n'est pas dans le but d'exercer mon talent, mais pour t'exhorter contre ce qui paraît le plus terrible ; or je t'exhorterai plus facilement si je montre qu'il n'y eut pas que des héros courageux pour mépriser ce moment où l'on expire, mais que certains, lâches par ailleurs, ont égalé dans cette affaire la force d'âme des plus courageux, comme le beau-père de Cn. Pompée, Scipion [8], qui, ramené en Afrique par un vent contraire, quand il vit son bateau capturé par les ennemis, se transperça de sa lame et, à ceux qui demandaient où était le général, répondit : « le général va bien ».

10   Cette parole le fit l'égal de ses ancêtres et permit de ne pas s'interrompre à la gloire accordée par le destin aux Scipions en Afrique. C'était beaucoup de vaincre Carthage, mais c'est plus (important) de vaincre la mort. Il répondit : « le général va bien » : est-ce autrement que devait mourir un général, et, qui plus est, de Caton ?

11 Je ne te renvoie pas aux ouvrages d'histoire et ne rassemble pas ceux qui, dans tous les siècles, ont méprisé la mort – lesquels sont très nombreux. Tourne ton regard vers cette époque qui est la nôtre, dont nous déplorons la langueur et les raffinements : elle fournira des hommes de tout rang, de toute fortune, de tout âge, qui ont coupé court à leurs maux par la mort. Crois-moi, Lucilius, loin d'avoir à craindre la mort, on doit à son bienfait de n'avoir rien à craindre.

12 C'est pourquoi écoute sans te faire de souci les menaces de ton adversaire ; et quoique ta conscience te donne confiance en toi, pourtant, vu que beaucoup d'éléments étrangers à la cause ont de l'influence, espère en la plus grande équité et, en même temps, prépare-toi à la plus grande iniquité. Or, souviens-toi, avant tout, d'ôter aux choses leur alarme et de voir ce qui se trouve en chacune : tu sauras qu'il n'y a rien de terrible en elles si ce n'est la crainte elle-même.

13 Ce que tu vois se produire chez les enfants nous arrive aussi à nous qui ne sommes que des enfants un peu plus grands : les êtres qu'ils aiment, auxquels ils sont accoutumés, avec lesquels ils jouent, s'ils les voient masqués, ils sont épouvantés. Ce n'est pas seulement aux hommes mais aux choses qu'il faut ôter le masque et rendre leur (vrai) visage.

14 Pourquoi me montrer des épées et des flammes avec une foule de bourreaux grondant autour de toi ? Enlève ce cortège sous lequel tu te caches et terrifies les sots : tu es la mort que récemment l'un de mes esclaves, qu'une servante ont méprisée. Pourquoi, toi encore, me déployer fouets et chevalets en grand apparat ? Pourquoi spécialement adaptées à chaque articulation, des machines spéciales pour les disloquer ainsi que mille autres moyens de déchiqueter un homme morceau par morceau ? Dépose ces objets qui nous paralysent ; ordonne que se taisent les gémissements, les hurlements et l'atrocité des cris que

pousse celui qu'on déchire. Tu es la douleur, n'est-ce pas, que ce goutteux méprise, que ce malade de l'estomac supporte jusqu'au bout au milieu de ses repas raffinés, qu'une jeune fille endure jusqu'au bout pendant son accouchement. Tu es légère si je peux te supporter ; tu es courte si je ne peux pas te supporter.

15   Repasse dans ton âme ces idées que tu as souvent entendues, souvent dites. Mais les as-tu vraiment entendues, les as-tu vraiment dites ? Prouve-le dans la réalité ; rien de plus honteux, en effet, que la critique habituelle qu'on nous oppose, que nous faisons de la philosophie en paroles, non en actes. Quoi ? Toi-même, n'as-tu su que d'aujourd'hui que te menace la mort, et l'exil, et la douleur ? Tu es né pour ces malheurs ; tout ce qui peut se produire, pensons-le comme à venir.

16   Ce que je te recommande de faire, je sais du moins que tu l'as fait ; aujourd'hui je te recommande encore de ne pas plonger ton âme dans cette mauvaise inquiétude : elle s'émoussera, en effet, et aura moins de vigueur lorsqu'il lui faudra se relever. Fais-la passer de ta cause particulière à celle de tout le monde ; dis que tu as un pauvre corps mortel et fragile, qu'elle ne viendra pas seulement d'un mauvais traitement ou de forces plus puissantes, la douleur qui lui sera notifiée : les plaisirs eux-mêmes se transforment en tourments, les festins apportent l'aigreur d'estomac ; les beuveries, l'engourdissement des nerfs et le tremblement ; les excès sensuels des déformations aux pieds, aux mains, à toutes les articulations.

17   Je deviendrai pauvre : je serai en plus nombreuse compagnie. Je serai exilé : je supposerai que je suis né là où l'on m'enverra. Je serai enchaîné : et alors ? aujourd'hui suis-je sans liens ? C'est au lourd poids de mon corps que la nature me tient serré. Je mourrai : tu veux dire, je cesserai de pouvoir être malade, je cesserai de pouvoir être enchaîné, je cesserai de pouvoir mourir.

18   Je ne suis pas assez bête pour reprendre en ce lieu la chanson épicurienne [9] et dire que vaines sont les peurs des Enfers, qu'il n'y a pas d'Ixion tournant sur sa roue, pas de rocher que Sisyphe pousse des épaules sur une côte, qu'il n'est personne dont les entrailles peuvent chaque jour et renaître et être dévorées : nul n'est assez enfant pour craindre Cerbère, les ténèbres et l'état de fantômes auquel sont réduits les squelettes [10]. La mort soit nous anéantit, soit nous délivre ; si nous sommes affranchis, le meilleur subsiste une fois notre fardeau retiré, si nous sommes anéantis, rien ne subsiste, biens et maux sont également enlevés.

19   Permets-moi en ce lieu de citer un vers de toi, en te recommandant au préalable de juger que tu as écrit ces mots moins pour les autres que pour toi. Il est honteux de dire une chose et d'en sentir une autre ; combien plus honteux d'écrire une chose et d'en sentir une autre ! Je me souviens que tu as une fois traité ce thème, que nous ne tombons pas soudainement dans la mort mais que nous y marchons petit à petit.

20   Chaque jour nous mourons ; chaque jour, en effet, est ôtée une partie de la vie et alors même que notre âge s'accroît, la vie décroît. Nous avons perdu l'enfance, puis l'adolescence, puis la jeunesse. Jusqu'à hier tout le temps qui a passé a péri ; ce jour même que nous vivons, nous le partageons avec la mort. De la même manière que ce n'est pas la dernière goutte qui vide une clepsydre mais tout ce qui s'est écoulé auparavant, de même l'heure ultime à laquelle nous cessons d'être ne fait pas la mort à elle seule mais à elle seule anéantit ; c'est alors que nous parvenons à elle, mais nous avons mis longtemps à venir.

21   Après avoir écrit tout cela dans ton style habituel, toujours grand bien entendu, jamais pourtant plus vif que lorsque tu accommodes les mots à la vérité, tu as dit :

« *La mort ne vient pas qu'une fois, et celle qui emporte n'est que la mort ultime* [11]. » Je préfère que tu te lises (toi) plutôt que ma lettre : il te deviendra visible, en effet, que cette mort que nous craignons est la dernière, non pas la seule.

22 Je vois où tu regardes : tu cherches ce que j'ai inséré dans cette lettre, quel mot rempli de force d'âme de quelque penseur, quel utile précepte. La matière justement que nous avons maniée fournira l'envoi. Épicure ne critique pas moins ceux qui désirent fortement la mort que ceux qui la craignent, et il déclare : « Il est ridicule de courir à la mort par dégoût de la vie, alors que c'est ton genre de vie qui t'a obligé à courir à la mort [12]. »

23 Il dit la même chose ailleurs : « Quoi de plus ridicule que de rechercher la mort, quand tu as privé ta vie de repos par peur de la mort [13] ? » Il est permis d'ajouter à ces maximes celle-ci qui est de la même veine, que si grande est l'imprudence des hommes, ou plutôt leur démence, que certains par crainte de la mort sont contraints à la mort [14] !

24 Quelle que soit celle de ces maximes que tu auras méditée, tu fortifieras ton âme pour qu'elle endure tant la mort que la vie [15] ; c'est dans un double but, en effet, qu'il faut nous avertir et nous affermir : et pour que nous n'aimions pas trop la vie, et pour que nous ne la haïssions pas trop. Même lorsque la raison se persuade d'en finir, il ne faut pas prendre son élan avec témérité ni par une fuite en avant.

25 L'homme courageux et sage a le devoir de ne pas fuir hors de la vie mais d'en sortir ; et, avant tout, on évitera également cette fameuse passion qui s'est emparée de beaucoup : l'envie de mourir. Il existe, en effet, mon cher Lucilius, comme pour d'autres objets, une inclination inconsidérée de l'âme même pour mourir, qui a emporté des hommes souvent nobles et d'un caractère très vif,

souvent lâches et passifs : les premiers méprisent la vie, les seconds en sont accablés.

26 Certains en ont assez de faire et de voir les mêmes choses, les gagne non la haine de la vie mais son ennui, pente où nous glissons, poussés par la philosophie elle-même, en disant : « Jusques à quand les mêmes choses ? Ne vais-je pas me réveiller, dormir, manger, avoir faim, avoir froid, avoir chaud ? Rien n'a de fin, toutes choses s'enchaînent en cercle, fuient et se suivent ; la nuit chasse le jour, le jour la nuit, l'été fait place à l'automne, l'hiver presse l'automne serré de près par le printemps ; toutes choses passent ainsi pour revenir. Je ne fais rien de nouveau, je ne vois rien de nouveau : on en a parfois jusqu'à la nausée. » Nombreux sont-ils pour juger que vivre n'est pas atroce mais superflu. Porte-toi bien.

Notes

1. Lucilius s'inquiète d'un procès qu'on lui a intenté et des menaces pesant sur son issue.
2. Cette lettre présente un modèle d'exercice spirituel (*meditatio*) pour s'entraîner à supporter le pire à venir : préjudice, douleur, mort. La démarche se décompose comme suit :
a) envisager objectivement ce que l'on redoute en le dépouillant de toute représentation subjective ;
b) faire la liste des pires maux existants (exil, prison, torture, mort) et, pour chacun, se remémorer des exemples célèbres dans l'histoire, avec force détails pour frapper l'imagination ;
c) généraliser son souci particulier, examiner les deux faces de toute situation (de douleur comme de plaisir), toujours réversible ;
d) raisonner sur la mort en l'envisageant philosophiquement (hypothèses métaphysiques).
3. P. Rutilius Rufus, qui suivit les cours de Panétius (IIe siècle av. J.-C.), était un homme intègre mais il fut accusé injustement de concussion et exilé sous Sylla.

4. Q. Métellus Numidicus vainquit Jugurtha en 109 av. J.-C. Il fut supplanté par Marius et exilé.

5. Platon, dans le *Criton*, montre Socrate plaidant pour le respect des lois de la cité et refusant de s'enfuir ; dans le *Phédon*, discourant sur l'immortalité de l'âme juste avant de boire la ciguë.

6. Mucius Scaevola, pendant le siège de Rome par Porsenna, roi des Étrusques (en 507 av. J.-C.), s'introduisit dans le camp ennemi pour tuer ce dernier mais il se trompa et tua un autre homme ; amené devant le roi, il se punit de son erreur en se brûlant la main. Porsenna, impressionné, leva le siège.

7. Caton lut le *Phédon* (voir note 5 ci-dessus) la nuit de son suicide.

8. P. Scipion, « lâche » parce que fuyant après la défaite de Thapsus, ville d'Afrique (dans l'actuelle Tunisie) où César anéantit les restes de l'armée de Pompée (46 av. J.-C.).

9. Épicure, frg. 341 Usener.

10. Pour la critique épicurienne des légendes infernales, voir Lucrèce, *De natura rerum*, III, 978 *sq.* ; et, pour le dégoût de la vie, III, 1053 *sq.*

11. Lucilius Iunior, frg. 3, p. 363 Baehrens.

12. Épicure, frg. 496 Usener.

13. *Id.*, frg. 498 *ibid.*

14. *Id.*, frg. 497 *ibid.*

15. La citation est évidemment choisie pour éviter que la *meditatio* ne tourne à l'apologie du suicide. Cette lettre est analysée par J. Bländsdorf (« L'interprétation psychologique de l'*autarkeia* stoïcienne chez Sénèque », art. cité, p. 87 *sq.*) du point de vue de l'autarcie : Sénèque y traite de l'angoisse et de l'instinct de mort (*libido moriendi*) en détournant le thème de la répétition éternelle des événements dans l'univers, développement en général repris à des fins consolatrices et relevant de la contemplation métaphysique. C'est donc l'un des thèmes de prédilection du Portique que Sénèque semble remettre en question. En réalité, « de la philosophie stoïcienne [les hommes frappés du mal de vivre] n'ont compris que le côté superficiel, ils se laissent entraîner par elle (*philosophia impellente*) au lieu de se connaître eux-mêmes. Et cela veut dire finalement qu'ils ont abandonné leur autarcie. L'autarcie [...] doit être gardée non seulement à l'égard des choses extérieures, mais aussi envers la philosophie ».

LETTRE 25

1   En ce qui concerne nos deux amis, il faut aller par des routes opposées ; dans un cas, en effet, les vices doivent être amendés, dans l'autre, ils doivent être brisés. J'userai d'une entière liberté : ce dernier, si je ne le heurte pas, c'est que je ne l'aime pas. « Quoi donc ? dis-tu, un pupille quadragénaire, tu penses le contenir sous ta tutelle [1] ? Regarde son âge déjà endurci et peu maniable : il ne peut être réformé ; ne se façonnent que les matières tendres. »

2   Je ne sais si j'obtiendrai un progrès : je préfère un insuccès à une infidélité. Et tu ne désespéreras pas de pouvoir guérir des malades même de longue date, si tu ne t'es pas dressé contre leur intempérance, si tu ne les as pas contraints à faire et à endurer bien des choses malgré eux. Dans l'autre non plus, je n'ai guère confiance, sauf sur un point : jusqu'à présent il rougit de commettre des fautes ; il faut alimenter cette honte [2] qui, tant qu'elle durera dans son âme, donnera lieu à un bon espoir.

3   Avec ce vétéran-ci, je pense qu'il faut agir avec plus de précaution afin qu'il n'en vienne pas à désespérer de lui-même ; et il n'y avait pas de meilleur moment d'attaquer que celui où il fait une pause, où il est semblable à un homme amendé. À d'autres, cet entracte dans sa vie en a imposé, à moi, il ne me donne pas le change : je m'attends à ce qu'à grand renfort d'intérêts reviennent ses vices dont je sais qu'aujourd'hui ils se sont relâchés sans avoir disparu. Je consacrerai des jours à ce cas-ci, et

si quelque chose peut être fait ou ne le peut pas, je le saurai par expérience.

4 Quant à toi, garantis-nous, comme tu le fais, que tu es courageux et réduis tes bagages : rien de ce que nous possédons n'est nécessaire. Retournons à la loi de la nature ; les richesses sont à portée. Ce dont nous manquons est soit gratuit, soit de peu de valeur : la nature a besoin de pain et d'eau. Nul n'est pauvre pour ces choses ; tout homme qui a enfermé son besoin à l'intérieur de ces limites rivalisera en bonheur avec Jupiter en personne, comme le déclare Épicure dont je glisserai une phrase dans cette lettre :

5 « Fais toute chose, dit-il, comme si Épicure te regardait[3]. » Il est profitable, sans aucun doute, de s'être imposé un gardien et d'avoir quelqu'un vers qui tourner ton regard, dont tu juges qu'il participe à tes pensées. Il est, bien entendu, de loin plus grandiose de vivre comme sous les yeux d'un homme bon et toujours présent, mais moi, ce dont je me contente, c'est que tu fasses tout ce que tu feras comme si quelqu'un te regardait : la solitude nous inspire tous les maux.

6 Dès que tu auras progressé assez pour avoir en toi aussi le respect de toi-même, il te sera permis de renvoyer le pédagogue : en attendant, mets-toi sous la garde de l'autorité de quelques-uns – que ce soit Caton, ou Scipion[4], ou Lélius, ou un autre par l'intervention duquel même les hommes perdus réprimeraient leurs vices, pendant que tu te transformes en celui en compagnie de qui tu n'oserais pas commettre de faute. Lorsque tu auras effectué cette transformation et qu'aura commencé d'exister en toi quelque considération pour toi-même, je commencerai à te permettre ce que conseille le même Épicure : « Retire-toi en toi-même principalement au moment où tu es contraint d'être dans une foule[5]. »

7   Il convient que tu te différencies du grand nombre, pourvu qu'il soit sans risque pour toi de rentrer en toi-même. Regarde les gens un par un autour de toi : il n'est personne pour qui il ne serait pas plus satisfaisant d'être avec n'importe qui plutôt qu'avec soi-même. « Retire-toi en toi-même principalement au moment où tu es contraint d'être dans une foule » – si tu es un homme bon, si tu connais le repos, si tu es tempérant. Autrement, tu dois rentrer dans la foule, loin de toi : ici, tu es trop près d'un homme mauvais. Porte-toi bien.

Notes

1. Voir *Lettre* 14, note 2 : même image juridique.

2. La honte ou pudeur (*pudor*), sentiment immédiat et spontané, manifestation quasi physique (rougeur) de la conscience morale, suppose donc une connaissance intime de la faute (voir *Lettre* 28 : *notitia peccati*) de l'ordre de l'intuition : elle fait partie de ce que Chrysippe appelait les « prénotions » (*prolêpseis*) ou notions innées, communes à tous les hommes (voir note 19 de la *Lettre* 9). C'est par elles, en effet, que se forment les idées du juste et du bien. Voir Victor Goldschmidt, *Le Système stoïcien et l'idée de temps, op. cit.*, p. 159 *sq.*

Plus tard, Sénèque consacrera une lettre entière à la conscience coupable (*Lettre* 97) : le rôle de la conscience comme tribunal moral de soi-même, générateur d'angoisse quand on se refuse à le reconnaître, est essentiel dans la construction du « moi » stoïcien.

3. Épicure, frg. 211 Usener.

4. On a le choix entre les différents membres de la famille Scipion qui s'illustrèrent dans l'histoire de la République romaine : s'agit-il du premier Africain, vainqueur d'Hannibal à Zama (en 202 av. J.-C.), dont Sénèque visita la villa de Literne (*Lettre* 86), ou bien plutôt de Scipion Émilien, le destructeur de Carthage (en 146 av. J.-C.) ? Les noms de Lélius (dont il fut l'ami) ainsi que de Caton (probablement l'Ancien) le laissent penser.

5. Épicure, frg. 209 Usener.

LETTRE 26

1   Je te disais tantôt que j'étais en vue de la vieillesse [1] : désormais je redoute d'avoir laissé la vieillesse derrière moi. C'est désormais un autre terme qui convient à ces années, du moins pour l'état actuel de mon corps, puisque aussi bien, la vieillesse est le nom donné à l'âge fatigué, non pas brisé : compte-moi parmi les décrépits et ceux qui touchent à la dernière extrémité.

2   Je me sais, pourtant, gré devant toi : je ne sens pas dans mon âme l'injure de l'âge, alors que je la sens dans mon corps. Il n'y a que mes vices et les serviteurs de mes vices qui aient vieilli : mon âme reste vigoureuse et elle se réjouit de ne pas avoir grand-chose en commun avec le corps ; elle a posé une grande part de son fardeau. Elle exulte et discute avec moi de la vieillesse : elle déclare que c'est le moment de sa floraison. Croyons-la : qu'elle use du bien qui est le sien.

3   Elle m'ordonne de réfléchir pour discerner ce que, dans cette tranquilité et cette modestie de mes mœurs, je dois à la sagesse, ce que je dois à l'âge, et d'examiner minutieusement ce que je ne peux pas, ce que je ne veux pas faire, prêt à me comporter comme si je ne voulais pas ce que je me réjouis de ne pas pouvoir (faire). De quoi se plaindre, en effet, de quelle incommodité, si tout ce qui devait cesser a fait défection ?

4   « L'incommodité la plus grande, dis-tu, est d'être diminué, de dépérir, et, pour dire le mot exact, de "fondre".

Nous ne sommes pas, en effet, repoussés et terrassés subitement : nous sommes dévorés ; les jours, un à un, soustraient quelque chose à nos forces. » Est-il meilleure issue que de glisser vers sa fin par dissolution naturelle ? Non parce qu'un coup reçu et une sortie soudaine de la vie sont quelque chose de mal, mais parce que c'est emprunter une route facile que d'en être dérobé (en douceur). Pour moi, du moins, comme si approchait l'expérience et que ce jour qui portera sa sentence sur toutes mes années était arrivé, je m'observe et me parle de la sorte :

5   « Ne vaut rien, (me) dis-je, jusqu'à présent ce que nous avons produit en actes comme en paroles ; ce ne sont que faibles et trompeurs gages de l'âme, enveloppés de racolages multiples : sur mes progrès, je ne suis prêt à croire que la mort. C'est donc sans crainte que je mets de l'ordre en moi pour être prêt ce jour-là, détours et fards écartés, à me juger [2] afin de savoir si mon courage n'est que dans mes mots ou s'il est un vrai sentiment, si ne furent que simulation et comédie toutes les paroles opiniâtres que j'ai pu lancer contre la fortune.

6   « Écarte l'appréciation des hommes : elle est toujours douteuse et partagée en pour et contre. Écarte les études menées pendant une vie entière : ce sera à la mort de prononcer sur toi. Oui, je le dis : conférences, conversations cultivées, paroles recueillies dans les préceptes des sages et langage érudit ne démontrent pas la vraie force de l'âme ; il existe, en effet, un discours audacieux même chez les plus craintifs. Ce que tu as rendu, deviendra visible au moment où tu rendras ton dernier souffle. J'accepte la condition, je ne m'effraie pas du jugement. »

7   Je m'entretiens ainsi avec moi-même, mais pense que je me suis entretenu aussi avec toi. Tu es plus jeune : qu'importe ? Les années ne sont pas comptées. Est indéterminé le lieu où la mort t'attend ; c'est pourquoi, toi, attends-la en tout lieu.

8   Je voulais déjà m'arrêter et ma main regardait vers la conclusion, mais il faut payer ses dettes et donner à cette lettre l'argent de la route. Suppose que je ne dise pas où j'ai l'intention d'emprunter : tu sais au coffre de qui je me servirai. Attends-moi un tout petit peu et le compte se fera à partir de chez moi ; dans l'intervalle, Épicure sera accommodant[3], lui qui déclare : « Entraîne-toi à la mort[4] », ou plutôt, si le sens peut ainsi en passer plus commodément jusqu'à nous :

9   « C'est une chose remarquable que d'apprendre la mort à fond. » Il est superflu, penses-tu peut-être, d'apprendre ce qui ne doit servir qu'une seule fois. C'est précisément ce pour quoi nous avons le devoir de nous y entraîner : il faut toujours apprendre ce que nous ne pouvons vérifier par l'expérience si nous le savons.

10   « Entraîne-toi à la mort » : qui dit cela ordonne de s'entraîner à la liberté. Qui a appris à mourir a désappris à être esclave ; il est au-dessus de toute puissance, du moins en dehors d'elle. Que lui font la prison, les gardes et les verrous ? Il a une porte libre. Il n'y a qu'une seule chaîne qui nous tient ligotés, l'amour de la vie[5], qui, s'il ne doit pas être rejeté, doit être diminué de telle sorte que, si un jour la situation l'exige, rien ne nous retienne ni ne nous empêche d'être fin prêts à faire sur-le-champ ce qu'un jour où l'autre il faut faire. Porte-toi bien.

Notes

1. Voir *Lettre* 12, et la note 5 correspondante.
2. Le mécanisme de la conscience réfléchie permet un dédoublement à volonté de la personnalité (comme dans l'examen de conscience cher aux stoïciens) ; au par. 2, Sénèque déclare « discuter » avec son âme ; au par. 5, il est, de nouveau, question du tribunal de la conscience qui, au-delà de tous les avertissements,

repousse son jugement au dernier jour de la vie. L'autonomie intériorisée de l'être est donc radicale : non seulement il faut se méfier du jugement d'autrui, puis de ses propres efforts intellectuels, mais même, pour ainsi dire, de sa propre âme (qui peut donner des « gages trompeurs »).

3. « Prêtera » serait la traduction technique ; on a conservé une expression de la famille de « commodité » plusieurs fois représentée dans cette lettre.

4. Épicure, frg. 205 Usener.

5. La *Lettre* 26 reprend, en fait, la dernière partie de la *Lettre* 24, en corrigeant ce qui a pu paraître excessif à la fin, une réponse de Lucilius étant probablement intervenue entre les deux. Ainsi, à la *libido moriendi* (l'envie de mourir) que le philosophe condamnait sans ménagement, est substituée l'*amor uitae* (l'amour, ou plutôt la passion de la vie) : Sénèque en revient, donc, au discours plus traditionnel de la mort « qui libère », autorisant le suicide seulement dans les cas où l'homme risque de perdre sa dignité morale.

LETTRE 27

1 « C'est toi, dis-tu, qui me donnes des conseils : c'est que tu t'es déjà conseillé toi-même, que tu t'es déjà corrigé ? Voilà pourquoi tu es disponible pour en amender d'autres ? » Je ne suis pas assez malhonnête pour, étant malade, me charger de leurs traitements, mais, comme si j'étais couché dans la même infirmerie, je parle en ta compagnie de notre mal commun et partage avec toi mes remèdes. Écoute-moi donc comme si je me parlais à moi-même ; je t'admets dans ma vie secrète et, avec ta participation, je me montre exigeant envers moi [1].

2 Moi-même, je me crie : « Compte tes années, et tu auras honte de vouloir les mêmes choses que tu voulais, enfant, de te procurer les mêmes choses. Donne-toi, enfin, cette garantie à l'approche du jour de ta mort : que meurent tes vices avant toi. Renvoie ces plaisirs désordonnés, qui se paient cher : ils nuisent non seulement quand ils vont arriver, mais quand ils sont passés. Comme pour les crimes dont, même s'ils n'ont pas été pris sur le fait, l'inquiétude ne s'en va pas avec eux, ainsi les plaisirs malhonnêtes suscitent même après eux un remords [2]. Ils ne sont pas solides, ils ne sont pas fidèles ; même s'ils ne nuisent pas, ils fuient.

3 Regarde plutôt autour de toi quelque bien durable ; or il n'en est aucun sauf celui que l'âme trouve pour elle à tirer d'elle-même. La vertu seule garantit une joie perpétuelle, sans souci ; même si quelque obstacle se présente,

il intervient à la manière des nuages qui sont entraînés à basse altitude sans jamais éclipser le jour. »

4   Quand aura-t-on l'occasion de parvenir à cette joie ? Non que l'on se relâche jusqu'à présent, mais il faut se hâter. Beaucoup reste à faire d'un ouvrage auquel il est nécessaire que tu consacres personnellement tes veilles, personnellement tes efforts, si tu désires qu'il soit réalisé : cette affaire n'accepte pas de délégation.

5   Un autre genre d'écrits admet une assistance. Calvisius Sabinus était un homme riche de notre époque ; d'un affranchi il possédait et le patrimoine et le caractère ; je n'ai jamais vu homme heureux de façon plus indécente. Il avait une mémoire si mauvaise que lui échappaient les noms tantôt d'Ulysse, tantôt d'Achille, tantôt de Priam, qu'il aurait dû connaître aussi bien que nous connaissons nos pédagogues [3]. Nul huissier un peu vieux, qui ne restitue pas les noms mais les distribue au hasard, ne saluait de travers toutes les tribus [4] autant que lui, Troyens et Achéens ! Néanmoins il voulait paraître instruit.

6   C'est pourquoi il imagina ce raccourci : pour une forte somme, il acheta des esclaves, l'un pour retenir Homère, un autre Hésiode, il affecta, en outre, aux lyriques, neuf autres individus [5]. Qu'il les ait achetés cher, il n'y a pas là de quoi t'étonner : il ne les avait pas trouvés, il en passa commande ! Après qu'on lui eut préparé ce personnel, il commença à troubler le repos de ses convives. Il gardait ces esclaves à ses pieds ; et tout en leur demandant sans cesse des vers à citer, souvent il restait court au milieu d'un mot.

7   Satellius Quadratus, rongeur de riches sots, par suite rieur à leur service et, ce qui va avec les deux, rieur à leurs dépens, lui conseilla de posséder des grammairiens ramasse-miettes [6] ! Sabinus ayant affirmé que chacun de ces esclaves lui coûtait cent mille sesterces : « tu aurais acheté moins cher, dit-il, autant d'étuis à manuscrit ».

Lui, cependant, persistait dans cette opinion : il pensait savoir ce que quiconque dans sa maison savait.

8 Le même Satellius commença de l'exhorter à faire de la lutte, lui qui était malade, pâle, maigre. Sabinus lui ayant répondu : « Et comment puis-je ? C'est à peine si je vis », « Ne dis pas ça, s'écria-t-il, je t'en conjure ! Ne vois-tu pas combien d'esclaves en pleine forme tu as ? » Une bonne intelligence ne se prête ni ne s'achète ; et je pense que, si elle était à vendre, elle ne trouverait pas acheteur ; tandis que la mauvaise s'achète tous les jours.

9 Mais reçois déjà ce que je te dois, et porte-toi bien : « Est richesse la pauvreté ordonnée selon la loi de la nature [7]. » Ceci, Épicure le dit souvent sous une forme ou sous une autre, mais on ne dit jamais trop ce qu'on n'apprend jamais assez ; à certains il faut indiquer les remèdes, à certains, il faut les imposer. Porte-toi bien.

Notes

1. Nouvel aspect du dédoublement de la personnalité (voir note 2 de la *Lettre* 26) : l'amitié et la correspondance philosophique jouent aussi ce rôle de miroir qui est une faculté de la conscience. Mais, en même temps, le but de la lettre est de démontrer que chacun ne peut avoir accès à la sagesse que par soi-même, pour soi-même et en retournant à soi-même, en cultivant sa « vie secrète » (*secretum*).

2. Le remords (*paenitentia*) qui succède à la mauvaise action ou à l'abandon au plaisir malhonnête a la même origine que la honte qui leur est contemporaine : voir note 2 de la *Lettre* 25.

3. C'est-à-dire les maîtres familiers aux enfants et qui leur faisaient réciter la poésie grecque.

4. Lorsque les clients défilaient le matin pour la distribution de la sportule, ou encore à l'occasion des campagnes électorales.

5. La tradition énumérait les noms de neuf poètes lyriques. Il fallait donc un esclave par poète.

6. Jeu de mots avec un verbe grec signifiant à la fois « recueillir » et « lire ». On est dans le ton et le vocabulaire de la satire : l'anecdote est construite sous forme d'apologue, avec des personnages, une situation, un dialogue, une chute et une interprétation morale à la fin (par. 8). L'ensemble de la lettre est, d'ailleurs, très ironique ; Sénèque répond très probablement ton sur ton à son correspondant – d'où la reprise insistante d'une citation d'Épicure déjà donnée.

7. Épicure, frg. 477 Usener (voir *Lettre* 4, 10).

LETTRE 28

1   Tu penses que cela n'est arrivé qu'à toi seul et tu t'étonnes comme d'une chose nouvelle que par un si long voyage et tant de lieux divers tu n'aies pas dissipé la tristesse et la lourdeur de ton intelligence : c'est d'âme que tu dois changer, non de ciel. Quand bien même tu aurais traversé la vaste mer, quand bien même, comme dit notre Virgile, « *Terres et villes reculeraient*[1] », te suivront où que tu parviennes, tes vices.

2   À quelqu'un qui se plaignait de la même chose, Socrate dit : « Pourquoi t'étonner que tes voyages ne te profitent en rien, quand c'est toi que tu promènes à la ronde ? Te talonne la même cause qui t'a chassé. » Quelle aide peut apporter la nouveauté des terres ? Quelle aide, la connaissance des villes et des lieux ? Cette agitation ne mène qu'à la stérilité. Tu demandes pour quelle raison cette fuite ne t'aide pas : tu fuis avec toi[2]. Il faut déposer le fardeau de ton âme ; aucun lieu auparavant ne te plaira.

3   Réfléchis que ton état est maintenant semblable à celui de la prêtresse que notre Virgile représente déjà excitée, aiguillonnée et renfermant abondamment en elle un souffle qui n'est pas le sien :

« *La prêtresse fait la bacchante, au cas où elle pourrait secouer le grand dieu de sa poitrine*[3]. »

Tu t'en vas ici et là pour secouer le poids assis sur toi, que l'agitation elle-même rend plus incommode, tout comme, sur un bateau, un chargement immobilisé exerce moins de pression ; inégalement arrimé, il fait couler plus vite la partie sur laquelle il penche. Tout ce que tu fais, tu le fais contre toi, et par ton propre mouvement tu te nuis ; c'est un malade que tu secoues.

4 　En revanche, lorsque tu te seras ôté ce mal, tout déplacement deviendra agréable ; on aura beau te chasser aux extrémités de la terre, dans quelque recoin de la barbarie où tu sois installé, elle te sera hospitalière, cette résidence, quelle qu'elle soit. Qui tu es quand tu arrives importe plus que l'endroit où tu arrives, et c'est pourquoi nous avons le devoir de n'assujettir notre âme à aucun lieu. Il faut vivre avec cette conviction : « Je ne suis pas né pour un seul recoin ; ma patrie, c'est le monde tout entier [4]. »

5 　Si c'était pour toi évident, tu ne t'étonnerais pas de ne trouver aucune aide dans la diversité des régions où tu déménages sans cesse par dégoût des précédentes ; chacune d'elles, en effet, t'aurait plu en premier, si toute région, tu la considérais comme tienne. Maintenant, tu ne voyages pas, tu erres, tu es poussé, et tu te déplaces de lieu en lieu, alors que ce que tu recherches, bien vivre, se trouve déposé en tout lieu.

6 　Que peut-il exister d'aussi désordonné que le forum ? Là aussi, il est permis de vivre en repos, si nécessaire. Mais s'il était permis de disposer de soi, je fuirais au loin aussi la vue et le voisinage du forum ; car, comme les lieux pénibles éprouvent jusqu'à la santé la plus robuste, ainsi, pour une bonne intelligence aussi, pas encore achevée jusqu'à présent et en train de se consolider, il existe des lieux peu salubres.

7 　Je ne partage pas le sentiment de ceux qui vont au milieu des vagues et qui, donnant leur approbation à une vie pleine d'alarmes, mettent une grande force d'âme à se colleter chaque jour avec les difficultés pratiques. Le sage les supportera, ne les choisira pas, et il préférera être en paix plutôt qu'en lutte ; il n'est guère profitable d'avoir rejeté ses vices s'il faut batailler avec ceux d'autrui.

8 « Trente tyrans, dit-on, ont entouré Socrate sans pouvoir briser son âme[5]. » Qu'importe le nombre de maîtres ? la servitude est une ; qui l'a méprisée dans la foule, aussi nombreuse soit-elle, de ceux qui règnent en maîtres, est libre.

9 Il est temps de m'arrêter, mais à condition d'acquitter au préalable le péage : « La connaissance de la faute est le commencement de la santé[6]. » Ceci, Épicure me paraît l'avoir remarquablement dit ; car qui ne sait pas qu'il commet des fautes ne veut pas être corrigé ; il convient de te prendre sur le fait avant de t'amender.

10 Certains se glorifient de leurs vices ; à ton avis, a-t-on une pensée pour le remède quand on compte ses maux pour des vertus ? Voilà pourquoi, autant que tu le peux, démontre ta propre culpabilité, enquête contre toi ; joue d'abord le rôle d'accusateur, ensuite de juge, en tout dernier lieu d'intercesseur[7] ; parfois heurte-toi. Porte-toi bien.

Notes

1. Virgile, *Énéide*, 3, 72.
2. La critique des voyages incessants en faveur chez les Romains est l'un des thèmes principaux du *De tranquillitate animi* (voir en particulier chap. II, 13) : Sénèque y dénonce comme ici les allées et venues qui ne font que déstabiliser l'âme alors qu'elle doit rechercher la « tranquillité » (l'*euthumia* grecque) : voir note 3 de la *Lettre* 3.
3. Virgile, *Énéide*, 6, 78-79.
4. Le cosmopolitisme stoïcien a pour fondement la théorie des « indifférents » : l'on est de partout à condition de ne dépendre de nulle part. C'est là encore un héritage cynico-socratique (comme l'indiquent les références à Socrate dans cette lettre).
5. La tyrannie des Trente fut imposée à Athènes par Sparte en 404-403 av. J.-C. À plusieurs reprises, Socrate eut l'occasion de leur tenir tête, mais il ne fut pas inquiété. Il ne fut accusé et condamné

à mort qu'en 399 av. J.-C., soit près de quatre ans après que la démocratie eut été restaurée.

6. Épicure, frg. 522 Usener.

7. L'effort pour s'instituer « tribunal de soi-même », thème qui a été lancé dans les lettres précédentes, est ici développé comme si Sénèque filait la métaphore ; en réalité, il est présenté comme un nouvel exercice spirituel, structuré en plusieurs étapes (comme on l'a vu pour l'anticipation des maux à venir et la préparation à la mort : voir note 2 de la *Lettre* 24).

LETTRE 29

1   Tu t'enquiers de notre (ami) Marcellinus et tu veux savoir ce qu'il fait. Il vient rarement nous voir, pour la seule raison qu'il craint d'entendre la vérité – danger dont il est éloigné pour le moment : on ne doit la dire, en effet, qu'à celui qui est capable de l'entendre. Voilà pourquoi au sujet de Diogène[1] comme des autres cyniques qui ont usé d'une liberté indistincte en donnant des conseils au tout-venant, on doute habituellement s'ils avaient le devoir d'agir ainsi. Quel résultat, en effet, si l'on critique des sourds ou des muets de naissance ou de maladie ?

2   « Pour quelle raison, demandes-tu, économiser les mots ? Ils sont gratuits. Je ne puis savoir si je serais profitable à celui que je conseille ; je sais seulement que je serai profitable à quelqu'un, si je conseille beaucoup de gens. La main doit semer à la volée : il ne peut se faire que l'on ne remporte quelquefois des succès quand on multiplie les essais. »

3   Cela, mon cher Lucilius, j'estime qu'un grand homme ne doit pas le faire : son autorité se dilue et n'a plus assez de poids auprès de ceux que, moins galvaudée, elle pourrait corriger. L'archer[2] a le devoir non d'atteindre la cible quelquefois, mais de ne la manquer que quelquefois ; il n'est pas d'art qui parvienne à la réalisation par hasard. La sagesse est un art : qu'elle vise un but précis, qu'elle choisisse des êtres capables de progresser, qu'elle

s'écarte de ceux dont elle a désespéré, sans les abandonner trop vite cependant, ni, alors même qu'elle désespère, essayer les derniers remèdes.

4   De notre Marcellinus, pour ma part, je ne désespère pas encore ; il peut encore maintenant être sauvé, mais à condition de lui tendre vite la main. Il y a, bien entendu, danger qu'il n'entraîne celui qui la lui tend ; il y a en lui une grande force de caractère, mais celui-ci est déjà orienté de travers. Néanmoins j'irai au-devant de ce danger et j'oserai lui montrer ses maux.

5   Il agira comme d'habitude : il fera appel à ces fameuses plaisanteries qui peuvent faire rire des gens en deuil, et il se gaussera d'abord de lui-même, ensuite de nous ; tout ce que je serai amené à dire, il le devancera. Il scrutera nos écoles et reprochera aux philosophes les congiaires[3], les maîtresses, la gourmandise.

6   Il m'en montrera un dans une liaison adultère, un autre à la taverne, un autre à la cour ; il me montrera le charmant philosophe Ariston[4] qui dissertait porté dans sa litière – c'était, en effet, le moment qu'il avait réservé pour divulguer ses travaux ! Comme on lui demandait à quelle secte il appartenait, Scaurus[5] déclara : « En tout cas, il n'est pas péripatéticien[6] ! » Sur ce même homme, comme on consultait Julius Grecinus[7], personnalité remarquable, pour savoir quel était son sentiment : « Je ne puis te dire, repartit-il, je ne sais, en effet, ce qu'il ferait à pied », comme si on l'interrogeait sur un gladiateur en char[8] !

7   Ce sont les charlatans qui auraient été plus honnêtes en négligeant la philosophie plutôt qu'en la vendant, qu'il m'assénera au visage. J'ai décidé, pourtant, d'endurer jusqu'au bout les humiliations : qu'il suscite, lui, mon rire, moi, peut-être susciterai-je ses larmes, ou bien, s'il persiste à rire, me réjouirai-je, comme si dans ses malheurs, il était atteint d'une folie du genre gai. Mais cette gaieté-là ne dure pas : observe, tu verras les mêmes

hommes, dans un espace de temps très court, passer des éclats de rire aux éclats de rage.

8   Mon projet est de l'attaquer et de lui montrer combien il valait plus quand il paraissait valoir moins aux yeux de beaucoup. Ses vices, même si je ne les retranche pas, je les contiendrai ; ils ne cesseront pas, mais feront des pauses ; or, peut-être cesseront-ils aussi, une fois accoutumés à faire des pauses. Cela même n'est pas à dédaigner, puisque aussi bien dans les affections graves, tient lieu de santé une bonne rémission.

9   Tandis que je me prépare pour lui, toi, pendant ce temps, qui es capable, qui comprends de quel état tu as réchappé et pour quel état, et, à partir de celui-ci, qui présumes où tu aboutiras, ordonne tes mœurs ; élève ton âme, tiens bon contre ce qui t'effraie ; ne va pas dénombrer ceux qui te font peur. Ne paraîtrait-il pas sot, celui qui craindrait la multitude en un lieu par où l'on ne passe qu'un par un ? Pareillement, à ta propre mort l'accès n'est pas donné à beaucoup, quoique beaucoup en brandissent la menace. Ainsi la nature en a-t-elle disposé : une seule personne te retirera la vie comme une seule te l'a donnée.

10   Si tu avais de la pudeur, tu m'aurais fait remise d'un ultime versement [9] ; mais, de mon côté, je ne me conduirai certainement pas de façon mesquine pour mettre fin à ma dette et je te jetterai ce que je dois : « Jamais je n'ai voulu plaire au peuple ; car les choses que, moi, je connais, le peuple ne les approuve pas, celles que le peuple approuve, moi, je ne les connais pas [10]. »

11   « De qui, cela ? » demandes-tu, comme si tu ne savais pas à qui je passe mes ordres : à Épicure. Mais cette même idée, tous, de toute obédience, te la crieront ensemble : péripatéticiens, académiciens, stoïciens, cyniques. Qui, en effet, peut plaire au peuple, quand lui plaît la vertu ? C'est par de mauvaises activités que l'on demande la faveur populaire. Il faut te rendre semblable à ces gens-là : ils ne

donneront leur approbation que lorsqu'ils t'auront reconnu. Or, ce qui est bien plus important, c'est celui que tu parais à tes propres yeux plutôt qu'à ceux des autres ; on ne peut se concilier l'amour des êtres honteux que par un procédé honteux.

12 Quelle garantie t'apportera donc cette belle philosophie qu'on loue et qu'on doit placer en tête de toutes les activités et de tous les biens ? Bien évidemment, de préférer te plaire à toi-même plutôt qu'au peuple, d'évaluer les jugements au lieu de les dénombrer, de vivre sans peur des dieux ni des hommes, soit de triompher de tes malheurs, soit d'y mettre fin. Pour le reste, si je te vois célébré par les voix bienveillantes du vulgaire, si, à ton entrée, clameurs et applaudissements retentissent, ornements de pantomime, si par la cité tout entière, femmes et enfants te louent, pourquoi n'aurai-je pas pitié de toi, moi, quand je sais quelle route mène à cette misérable faveur ? Porte-toi bien.

FIN DU LIVRE III

Notes

1. Diogène (413-323 av. J.-C.) avait l'habitude d'interpeller les passants dans les rues d'Athènes. Il demeure le plus célèbre des cyniques mais le fondateur de la secte est plutôt Antisthène, disciple de Socrate.

2. Inflexion de l'image stoïcienne de l'archer dans un sens restreint : alors qu'elle était utilisée pour distinguer le but concret à atteindre, ou cible (en grec, *skopos*, traduit en latin par une périphrase : *quod petitur*, « ce qui est recherché »), et la fin suprême (en grec *telos*) qui réside dans la perfection du geste (voir SVF, I, 554, et III, 16, 19), ici, la cible représente l'individu qu'on a entrepris de convertir. Voir *Lettre* 14, 16, et la note correspondante.

3. Libéralités princières. Sénèque lui-même eut à se défendre contre de telles attaques, notamment celles de Suillius (voir Tacite, *Annales*, XIII, 42, 61, et XIV, 52-53) : on dit que le traité *De uita beata* constitue, pour une large part, sa défense (les richesses sont à classer parmi les « préférables » : si le destin nous met en situation d'en posséder, il est permis d'en profiter en en faisant bon usage ; l'essentiel est de ne pas en être dépendant).

4. Esquisse satirique ; on ne sait pas qui est cet Ariston.

5. Mamercus Scaurus, grand personnage du début du Principat, dont on sait qu'il se suicida pour échapper à une condamnation.

6. Jeu de mots : les péripatéticiens sont, littéralement, les « promeneurs » qui vont à pied.

7. Autre grand personnage qui attira la colère de Caligula (Tacite, *Agricola*, 4, 2).

8. Gladiateur qui ne descendait pas de son char.

9. Avec la *Lettre* 29 s'achève le premier groupe des *Lettres à Lucilius*, à la fois introduction et protreptique à la philosophie stoïcienne. Dans ce groupe, on a vu Sénèque mettre largement Épicure à contribution, sous la forme de citations ajoutées en fin de lettre. Ici, le philosophe annonce qu'il interrompt cette habitude. On peut donc considérer qu'une étape est franchie : il n'aura plus besoin d'attirer Lucilius vers le stoïcisme par le biais de thèmes communs à la philosophie du Portique et à celle du Jardin. Le disciple est convaincu du bien-fondé de la doctrine, même s'il est loin encore d'en connaître les analyses théoriques (qui viendront dans les *Lettres* plus tardives) et qu'il se trouve toujours plongé dans la vie publique et les affaires, attendant l'occasion, comme lui a conseillé Sénèque, de se retirer définitivement.

10. Épicure, frg. 187 Usener.

RÉSUMÉ DES LETTRES

Lettre 1

Valeur du temps : distinction entre ce qui dépend de nous et ce qui ne dépend pas de nous.

Lettre 2

La lecture : au lieu de se disperser dans un grand nombre d'ouvrages, il faut se concentrer sur quelques auteurs et relever de courts passages à méditer.

Lettre 3

L'amitié : le véritable ami est celui auquel on peut tout dire comme à un autre soi-même.

Lettre 4

La peur de la mort est un sentiment infantile dont on se débarrasse en se détachant de la vie.

Lettre 5

Le véritable philosophe ne se singularise pas par son genre de vie. Sa conversion est intérieure : il est dégagé de toute crainte comme de toute espérance.

Lettre 6

L'amitié philosophique est un échange et une entraide sincères, directs et constants entre ceux qui veulent progresser sur la voie de la sagesse. Mais il faut d'abord devenir l'ami de soi-même.

Lettre 7

Fuir la foule : ses vices sont contagieux quand on s'y mêle, comme, par exemple, aux cruels spectacles de midi où l'on regarde des hommes s'entre-égorger. Préférer la solitude et la compagnie d'individus choisis.

Lettre 8

Éloge de la retraite studieuse : Sénèque travaille pour la postérité en l'exhortant à mépriser les biens fortuits, si incertains, et à se consacrer à la philosophie qui, seule, rend libre.

Lettre 9

Le sage, quoiqu'il se suffise à lui-même et vive en complète autarcie, a besoin d'ami et sait toujours s'en procurer.

Lettre 10

Éviter la fréquentation de tout autre homme que soi-même. La solitude met parfois en compagnie d'un mauvais homme mais Lucilius n'est pas de cette espèce.

Lettre 11

Distinguer défauts et défaillances naturelles, comme la timidité, que la sagesse ne peut corriger. En revanche, nous parviendrons à redresser nos mœurs en les confrontant à la pensée d'un « modèle » choisi parmi les grands hommes.

RÉSUMÉ DES LETTRES

Lettre 12

Prise de conscience et réflexion sur la vieillesse : tous les moments de la vie s'équivalent. Vivons donc pleinement chaque jour comme si c'était le dernier et n'oublions pas que nous sommes toujours libres de quitter la vie.

Lettre 13

L'adversité est, pour notre âme, l'occasion de s'aguerrir et de déployer toute sa vaillance. Au reste, gardons notre lucidité et ne redoutons pas des maux qui ne sont pas encore. Et comme un mal peut arriver pour notre bien, restons constants et fuyons l'agitation.

Lettre 14

L'attachement à notre corps ne doit pas entraver notre liberté en nous faisant craindre pauvreté, maladies ou persécutions du Pouvoir qui sont les maux les plus redoutés parce que les plus spectaculaires. Il ne faut donc ni se faire remarquer, ni faire envie, ni se faire mépriser. La philosophie est le refuge par excellence que même Caton n'aurait peut-être pas dû quitter. En outre, dans l'art de vivre, l'intention compte plus que le résultat, de même que pour les richesses, ce n'est pas en posséder ou non qui compte, mais ne pas en être dépendant.

Lettre 15

La véritable santé, c'est celle de l'âme. Refusons les exercices outrés qui développent le corps à ses dépens. Exerçons-la, elle, à tout moment. Refusons aussi les artifices qui visent à entraîner la voix, préférons des exercices naturels, non forcés. Par ces apprêts inutiles, sots que nous sommes, nous nous plaçons sous la dépendance de l'avenir. Tout en renonçant à ce dernier, soyons conscients de nos propres progrès.

Lettre 16

Nécessité de la persévérance pour progresser vers la sagesse : ne nous leurrons pas sur nous-mêmes et examinons notre vie qui doit être menée philosophiquement quelle que soit l'idée que nous nous faisons de la liberté humaine : cela consiste à rejeter les valeurs d'opinion comme l'amour de la richesse (qui est insatiable) et à s'en tenir aux besoins naturels (qui sont limités).

Lettre 17

La gestion des revenus et biens matériels ne doit pas nous empêcher de philosopher. Et même, la philosophie aspire à la pauvreté parce que sobriété et dénuement rendent libre. Le nécessaire est toujours à portée. Posséder davantage, c'est se charger de nouveaux malheurs.

Lettre 18

En période de fêtes, participons aux réjouissances sans tomber dans la débauche. En contrepartie, exerçons-nous à la pauvreté en suivant de temps à autre un régime frugal, comme faisait Épicure, pour apprendre à ne pas la redouter. Quant à la colère, c'est la qualité de l'âme où elle surgit qui compte. Mais, de peur de tomber dans la folie furieuse, il faut toujours raison garder.

Lettre 19

Se retirer dans un loisir discret, sans exagération : de toute façon, notre notoriété nous suivra. En restreignant ses désirs, l'on sera vite comblé. Il faut adopter ce genre de vie sans peur et ne pas faire comme Mécène qui s'est rendu compte trop tard de son erreur. Quelques amis choisis sont préférables à une foule de profiteurs.

Lettre 20

La conversion philosophique doit se manifester non dans les mots mais dans les actes. Tous ceux-ci doivent concorder. Notre inconstance provient d'une volonté instable. Il faut s'efforcer de se contenter de peu et mépriser les biens que l'on possède. L'essentiel est d'éviter la complaisance et l'exercice de pauvreté vise à rappeler à l'homme son dénuement originel.

Lettre 21

Se détacher de la réussite matérielle et sociale qui est superficielle. La vie philosophique, avec l'aide de Sénèque, apportera à Lucilius un véritable éclat et un renom éternel, comme Idoménée, correspondant d'Épicure, et Atticus, correspondant de Cicéron. En toute chose, l'épicurisme bien compris est ascétique puisqu'il vise à limiter les désirs à ceux qui sont naturels et nécessaires.

Lettre 22

Quand on est décidé à se retirer des affaires, il faut guetter le moment opportun, mais, en attendant, ne pas en chercher de nouvelles. Épicuriens et stoïciens sont d'accord, ces derniers ajoutant qu'il convient d'assumer courageusement sa charge tant qu'elle est honorable. La plupart des gens aiment la servitude dont ils se plaignent et répugnent à se dépouiller de leurs biens, alors qu'il nous faudrait arriver à la mort aussi nus qu'à la naissance.

Lettre 23

La « bonne intelligence » consiste à reconnaître ce qui rend heureux, loin des vanités et des espoirs incertains. La véritable joie est différente de la joie ordinaire, de la gaieté superficielle et passagère. Elle est grave, profonde. À l'inverse du plaisir que le moindre dérèglement tourne en douleur, elle est sûre et durable. Elle dépend donc de la droiture et de la constance de notre vie.

Lettre 24

Il ne sert à rien de redouter un mal à l'avance. Exil, prison, torture, mort : nombreux sont les exemples de ceux qui ont enduré de tels maux sans broncher : Rutilius, Métellus, Socrate, Mucius (se brûlant la main) ; Caton, enfin, se suicidant à Utique – et même le Scipion qui fut lâche par ailleurs. De plus, la mise en scène des tortures suscite une crainte qui aggrave la réalité de la souffrance. Lorsqu'on redoute un malheur à venir, il faut y penser souvent et généraliser son souci particulier. Même les plaisirs engendrent la douleur : chaque situation peut être retournée, jusqu'à la mort qui libère. Il ne s'agit pas de critiquer, comme les épicuriens, les légendes infernales mais de comprendre que nous mourons un peu chaque jour. Cependant, préférer la mort par peur ou dégoût de la vie est également condamnable. L'envie de mourir est un danger auquel expose la philosophie elle-même : il faut s'en défier.

Lettre 25

Il y a deux manières de réformer autrui : la manière forte, en cas de vices invétérés ; une manière plus souple qui traite avec patience les vices revenant par intermittence chez des personnalités plus lucides et plus fragiles. Quant à Lucilius, il doit s'éloigner des biens matériels, tout en se défiant de lui-même et de la solitude, tant que sa santé morale ne sera pas assurée.

Lettre 26

Retour au thème de la vieillesse : en fait, elle n'atteint que le corps et permet à l'âme de s'épanouir, débarrassée des vices du corps. La diminution physique préfigure la mort et nous appelle à nous préparer pour l'heure décisive : au tribunal de la conscience de chacun se substitue celui du jugement final.

Lettre 27

Sénèque ne cesse d'admonester Lucilius mais c'est comme s'il se parlait à lui-même. Pour mieux le persuader d'abandonner les affaires, il narre l'apologue de Calvisius Sabinus (qui, pour paraître cultivé, faisait apprendre par ses esclaves les chefs-d'œuvre de la littérature grecque) : nul ne peut vivre à la place d'autrui.

Lettre 28

Voyages et dépaysement ne servent à rien car on emmène ses maux avec soi. Et même, notre état risque d'empirer. Au contraire, l'homme vit bien partout (cosmopolitisme) s'il se garde de toute dépendance à l'égard du lieu où il vit, et aussi bien dans l'agitation du forum. Mais, pour le moment, il vaut mieux se tenir à l'écart : un endroit paisible est préférable. Nous devons prendre conscience de nos fautes pour pouvoir nous corriger. Nouvel exercice spirituel : instituer à l'intérieur de soi un tribunal de soi-même.

Lettre 29

Ne pas distribuer, comme font les cyniques, des conseils au tout-venant mais à des êtres élus qu'on juge capables d'entendre. Marcellinus est, certes, un cas difficile, parce qu'il détournera tout argument par le rire et se fera un plaisir de dénoncer certains faux philosophes. Mais la patience et la psychologie en viendront peut-être à bout. Quant à Lucilius, qu'il résiste à ses frayeurs en ne tenant compte que de l'opinion des véritables philosophes, quelle que soit leur obédience, ou de lui-même – mais surtout pas de la faveur populaire.

INDEX DES NOMS PROPRES

Le premier chiffre indique le numéro de la lettre de référence, le ou les suivants, ceux des paragraphes à l'intérieur de cette lettre, où le nom apparaît au moins une fois.

Académiciens : 29, 11.
Achéens : 27, 5.
Achille : 27, 5.
Afrique : 24, 9 et 10.
Agrippa (M. Vipsanius) : 21, 4.
Ariston : 29, 6.
Aristote : 6, 6.
Athénodore : 10, 5.
Attale : 9, 7.
Atticus (T. Pomponius) : 21, 4.

Baba : 15, 9.

Calvisius Sabinus : 27, 5.
Capitole : 21, 5.
Carthage : 24, 10.
Caton (M. Porcius, dit le Censeur) : 7, 6 ; 11, 10 ; 25, 6.
Caton (M. Porcius, dit d'Utique) : 13, 14 ; 14, 12 et 13 : 24, 6, 7 et 10.
Cerbère : 24, 18.
César (Jules) : 14, 12 et 13.

Charinus : 18, 9.
Charybde : 14, 8.
Chéréas (Cassius) : 4, 7.
Chrysippe : 9, 14 ; « les Chrysippes » : 22, 11.
Cicéron (M. Tullius) : 17, 2 ; 21, 4.
Cléanthe : 6, 6.
Crassus (M. Licinius) : 4, 7.
Cratès : 10, 1.
Cyniques : 29, 1 et 11.

Démétrius (le Cynique) : 20, 9.
Démétrius (Poliorcète) : 9, 18.
Démocrite : 7, 10.
Dexter : 4, 7.
Diogène (le Cynique) : 29, 1.
Drusus Caesar (Iulius) : 21, 4.

Énée : 21, 5.
Épicure : 2, 5 ; 6, 6 ; 7, 11 ; 8, 7 et 8 ; 9, 1, 8, 18 et 20 ; 11, 9 ; 12, 11 ; 13, 17 ; 14, 17 ; 16, 7 ; 17, 11 ; 18, 9 et 14 ;

19, 10 ; 20, 9 et 11 ; 21, 3, 4, 5, 7 et 9 ; 22, 5 et 13 ; 23, 9 ; 24, 18 (épicurienne) et 22 ; 25, 4, 5 et 6 ; 26, 8 ; 27, 9 ; 28, 9 ; 29, 11.

Fabianus (Papirius) : 11, 4.
Félicion : 12, 3.

Gaïus Caesar (Iulius, dit Caligula) : 4, 7.
Graecinus (Iulius) : 29, 6.
Grec, grecque : 15, 9.

Hécaton : 5, 7 ; 6, 7 ; 9, 6.
Héraclite : 12, 7.
Hermarque : 6, 6.
Hésiode : 27, 6 (et note de 1, 5).
Homère : 27, 6.

Idoménée : 21, 3, 4 et 7 ; 22, 5.
Ision : 15, 9.
Ixion : 24, 18.

Jupiter : 9, 16 ; 25, 4.

Lélius (C., dit Sapiens) : 7, 6 ; 11, 10 ; 25, 6.
Lépide (M. Aemilius) : 4, 7 ; 29, 6.
Lucilius : 1, 1, 2 et 3 ; 5, 7 ; 6, 1 ; 7, 12 ; 9, 13 ; 11, 9 ; 13, 4, 8 et 16 ; 15, 2 et 10 ; 16, 1 et 5 ; 18, 7, 12 et 15 ; 20, 1 et 12 ; 21, 2 et 5 ; 22, 9 et 11 ; 23, 3 et 6 ; 24, 11 et 25 ; 29, 3.

Marcellinus : 29, 1 et 4.

Mécène : 19, 9 et 10.
Metellus (Q. Caecilius Numidicus) : 24, 4.
Métrodore : 6, 6 ; 14, 17 ; 18, 9.
Mucius (Scaevola) : 24, 5.

Pacuvius : 12, 8.
Parthe(s) : 4, 7 ; 17, 11.
Péripatéticien(s) : 29, 6 et 11.
Phidias : 9, 5.
Philositus : 12, 3.
Platon : 6, 6 ; 24, 6.
Polyen : 6, 6 ; 18, 9.
Pompée (Gnaeus, dit Magnus) : 4, 7 ; 11, 4 ; 14, 12 et 13 ; 24, 9.
Pomponius : 3, 6.
Porsenna : 24, 5.
Priam : 27, 5.
Prométhée (poème) : 19, 9.
Publilius (Syrus) : 8, 8.
Pythoclès : 21, 7.

Quirites : 15, 7.

Romain, romaine : 19, 9 ; 21, 5.
Rutilius (P. Rufus) : 24, 4.

Satellius Quadratus : 27, 7 et 8.
Scaurus (Mam. Aemilius) : 29, 6.
Scipion (Q. Caecilius Metellus Pius) : 24, 9.
Scipion l'Africain (P. Cornélius Maior) : 25, 6.
« Les Scipions » (famille) : 24, 10.

Sicile : 14, 8.
Sisyphe : 24, 18.
Socrate : 6, 6 ; 7, 6 ; 13, 14 ; 24, 4 ; 28, 2 et 8.
Stilbon (ou Stilpon) : 9, 1, 18 et 20 ; 10, 1.
Stoïcien, stoïcienne : 9, 19 ; 13, 4 ; 22, 7.
Stoïciens : 14, 14 ; 22, 11 ; 29, 11 [1].
Sylla (L. Cornélius) : 11, 4 ; 24, 4.
Syrie : 12, 8.

Théophraste : 3, 2.
Tibère (Tiberius Caesar) : 21, 4.
Timon (d'Athènes) : 18, 7.
Troyens : 27, 5.

Ulysse : 27, 5.

Virgile (P. Maro) : 21, 5 ; 28, 1 et 3.

Zénon : 6, 6 ; « les Zénons » : 22, 11.

---

1. Les stoïciens peuvent être désignés (*passim*) par « nous », « notre... », « les nôtres ».

INDEX THÉMATIQUE

Le premier chiffre renvoie au numéro des lettres, les suivants à ceux des paragraphes concernés.

Sans prétendre à l'exhaustivité, on a relevé ici les occurrences des notions et thèmes que Sénèque développe ou rappelle avec insistance dans les vingt-neuf premières *Lettres à Lucilius*. Ils vont, en général, par couple (âme/corps ; pauvreté/richesse ; sagesse/sottise...) et les références se recoupent. On a cru bon, d'autre part, de grouper par famille certains mots essentiels qui, insérés çà et là dans la correspondance, construisent progressivement, selon la méthode propre à l'auteur, tout un réseau de significations.

N. B. : Les adjectifs désignant le bien et le mal (*bonum/malum*), l'homme bon ou mauvais (*bonus/malus*) et ces deux qualités attachées à toute notion, sentiment ou acte n'ont pas été recensés : ils apparaissent, pour ainsi dire, à chaque page.

Âme : 2, 1 et 2 ; 3, 6 ; 4, 1 à 9 ; 5, 6 et 8 ; 6, 1 et 3 ; 7, 1, 6 et 12 ; 8, 5 ; 9, 1 à 5, 11 et 13 ; 10, 2 à 4 ; 11, 1 et 6 à 10 ; 13, 1 et 2 et 9 à 13 ; 14, 6 ; 15, 1 à 8 ; 16, 3, 6 et 7 ; 17, 5, 7 et 12 ; 18, 3 à 6 et 11 ; 19, 4 et 11 ; 20, 1 à 3, 10 et 13 ; 22, 7, 11 et 16 ; 23, 3 ; 24, 8, 9, 15, 16 et 22 à 25 ; 25, 2 ; 26, 2 à 6 ; 27, 3 ; 28, 1 à 8 ; 29, 9.

Amitié : 2, 2 ; 3, 1 à 4 ; 6, 2, 3 et 7 ; 7, 9 et 11 ; 9 (en entier) ; 11, 1 ; 14, 7 ; 19 (en entier) ; 20, 7 ; 21, 5 ; 25, 1.

Avenir : 5, 8 ; 13 (en entier) ; 15, 9 et 11 ; 22, 14 ; 24, 1 et 2.

Bonheur (*uivere beate*) : 9, 13 à 22 ; 12, 9 ; 16, 1 ; 17, 10 ; 18, 13 ; 27, 5.

Bonheur – chance (*felicitas*) : 8, 4 ; 9, 19 ; 11, 9 ; 15, 2 ;

19, 5 à 9 ; 20, 8 ; 21, 1 ; 22, 4 ; 23, 2 et 6 ; 24, 5 ; 25, 4.

Colère : 4, 8 ; 10, 2 ; 12, 2 ; 13, 12 ; 14, 7 ; 18, 7, 14 et 15 ; 24, 8.

Conscience : 3, 4 ; 8, 1 ; 12, 9 ; 23, 7 ; 24, 12.

Corps : 2, 3 ; 5, 4 ; 7, 3 ; 8, 5 ; 9, 4 et 19 ; 10, 4 ; 11, 1 à 6 ; 13, 2 et 7 ; 14, 1 à 9 ; 15, 1 à 6 ; 22, 1 ; 23, 6 ; 24, 8, 16 et 17 ; 26, 1 et 2.

Crainte, peur : 3, 3 ; 4, 3 à 9 ; 5, 3, 7 et 9 ; 6, 2 ; 7, 5 et 9 ; 9, 9 ; 10, 2 ; 11, 3 et 7 ; 12, 10 ; 13, 6 à 13 ; 14, 1 à 10 et 18 ; 17, 3 et 6 ; 18, 5 et 11 ; 19, 8 ; 22, 3, 14 et 15 ; 24 (en entier) ; 26, 5 et 6 ; 29, 9 et 12 (et ailleurs, frayeur, terreur, épouvante).

Dégoût, ennui, nausée (de vivre) : 2, 4 ; 9, 22 ; 16, 3 ; 17, 4 ; 18, 7 ; 24, 22 et 26 ; 28, 5.

Désir : 2, 6 ; 5, 1 et 7 ; 6, 2 à 4 ; 7, 7 ; 9, 11 et 15 ; 10, 2 et 5 ; 12, 5 ; 15, 9 ; 16, 8 et 9 ; 19, 6 ; 20, 1 ; 21, 7 et 8 ; 22, 10 et 15 ; 27, 4.

Destin : 16, 4 à 6 ; 19, 6 ; 24, 10.

Dieu : 7, 5 ; 8, 6 ; 9, 16 ; 10, 4 et 5 ; 12, 9 et 10 ; 13, 4 ; 15, 10 ; 16, 4 et 5 ; 17, 6 ; 18, 12 et 13 ; 20, 8 ; 22, 12 ; 28, 3 ; 29, 12.

Douleur (*dolor*) : 13, 5, 7 et 10 ; 14, 6 ; 23, 4 et 6 ; 24, 5 et 14 à 16.

Droit (*rectum*, et famille) : 7, 6 ; 8, 3 et 4 ; 11, 10 ; 13, 7 ; 15, 1 ; 16, 3 et 4 ; 20, 3 et 5 ; 23, 7 (et *passim*, verbes corriger, amender). Cf. tordu (*prauum*, et famille), 11, 10 ; 13, 12 ; 24, 16 ; 29, 4 ; et détournée, 5, 2.

Endurance, souffrance (*patientia*, famille de *pati*, subir) : 1, 3 ; 4, 9 et 10 ; 5, 6 ; 7, 5 ; 9, 1 et 2 ; 13, 6 ; 14, 6 ; 15, 7 ; 17, 6 et 7 ; 18, 8 ; 20, 11 ; 22, 8 ; 23, 4 ; 24 (en entier) ; 25, 2 ; 29, 7.

Enfance, jeunesse, 4, 2 ; 9, 7 ; 10, 1 ; 11, 1 et 3 ; 12, 4 et 6 ; 20, 2 ; 22, 14 ; 24, 13 à 20 ; 26, 7 ; 27, 2 ; 29, 12.

Erreur : 3, 2 ; 8, 3 ; 16, 9 ; 18, 1 ; 19, 11 ; 21, 2 ; 28, 5.

Espérance, espoir : 2, 1 ; 5, 7 ; 6, 1 et 2 ; 8, 3 ; 9, 11 ; 10, 2 ; 12, 6 ; 13, 2 et 12 à 16 ; 15, 11 ; 16, 2 ; 19, 1 ; 20, 1 ; 21, 9 ; 22, 6 et 9 ; 23, 2 et 3 ; 24, 1 et 12 ; 25, 2 ; 29, 3 et 4.

Exemple : 4, 8 ; 6, 5 ; 7, 5 et 7 ; 9, 9 ; 11, 10 ; 19, 9 ; 21, 3 ; 24, 3 et 9.

Exercices physiques et spirituels (*exercitationes*) et entraînement (*meditatio*) : 4, 5 ; 9, 8 ; 11, 2 ; 15 (en entier) ; 16, 1 ; 18, 6 et 8 ;

INDEX THÉMATIQUE

20, 12 et 13 ; 23, 4 ; 24, 9 ; 26, 8 à 10.
Expérience : 6, 4 ; 8, 2 ; 13, 1 ; 18, 7 et 8 ; 20, 1 ; 25, 3 ; 26, 4 et 9.

Faute : 3, 3 ; 11, 9 ; 25, 2 et 6 ; 28, 9.
Faux (*falsum* et verbe *fallece*, tromper) : 1, 2 ; 3, 3 (trahir) ; 4, 2 ; 8, 3 ; 13, 12 ; 14, 3 ; 16, 9 ; 22, 4 et 15 ; 26, 5.
Folie (*dementia, insania, furor*) : 5, 5 ; 9, 11 ; 10, 5 ; 14, 12 ; 15, 1 ; 17, 7 ; 18, 14 et 15 ; 19, 2 ; 24, 1 et 23 ; 29, 7.
Fortune (*fortuna*), hasard (*casus*) : 4, 7 ; 7, 3 ; 8, 3 à 10 ; 9, 4 et 12 à 15 ; 12, 9 ; 13, 1, 3 et 11 ; 14, 16 ; 15, 9 et 11 ; 16, 4 à 8 ; 18, 6 à 11 ; 19, 5 à 8 ; 21, 5 et 6 ; 22, 4 ; 23, 3 et 7 ; 24, 7 et 11 ; 26, 5 ; 29, 3.
Foule (*turba*) : 6, 6 ; 7, 1 ; 8, 1 ; 9, 9 ; 14, 4 ; 17, 3 ; 18, 3 ; 19, 11 ; 20, 7 ; 24, 14 ; 25, 6 et 7 ; 28, 8. Cf. désordonné (*turbidus*), 3, 6 ; 27, 2 ; 28, 6 et famille de (*per-*)*turbare*, troubler.

Gloire : 7, 9 ; 9, 11 ; 13, 14 ; 19, 3 (notoriété) ; 20, 1 ; 21, 3 à 6 ; 24, 10. Cf. postérité, 8, 2 et 6 ; 21, 5 ; 22, 2.

Honorable (*honestum* et famille) : 2, 5 ; 3, 4 ; 6, 3 ; 9, 11 ; 13, 14 ; 14, 2 et 11 ; 16, 1 ; 19, 8 ; 20, 7 ; 21, 1, 6, 8 et 9 ; 22, 11 ; 23, 7 ; 29, 7.
Honteux (*turpe*) : 1, 1 ; 9, 11 et 22 ; 10, 5 ; 13, 17 ; 22, 7 et 16 ; 24, 15 et 19 ; 29, 11. Cf. malhonnête, impudent (*improbus*), 10, 2 ; 12, 6 ; 19, 10 ; 27, 1 et 2.
Humain, humanité : 4, 10 ; 5, 4 et 8 ; 7, 3 ; 8, 6 ; 9, 17 ; 14, 4, 9 et 14 ; 15, 11 ; 16, 5 ; 19, 2 ; 20, 5 ; 21, 10 ; 23, 1 ; 24, 7.

Inhumain, cruauté et toute violence physique ou morale : 4, 5 et 7 ; 5, 4 et 9 ; 7, 3 à 5 ; 11, 4 et 5 ; 13, 2 à 11 ; 14, 5 à 9 ; 19, 10 ; 22, 12 ; 24 (en entier).
Inquiétude (*sollicitudo*) : 4, 6 ; 5, 8 ; 9, 7 ; 12, 9 ; 13, 7 (angoisse) ; 14, 2 et 18 ; 17, 9 (angoissé) ; 19, 8 ; 22, 11 et 16 ; 23, 2 ; 24, 1, 2 et 16 ; 27, 2.
Intelligence (*mens*) : 2, 1 ; 3, 5 ; 4, 1 ; 10, 4 ; 11, 5 ; 13, 9 ; 16, 1 ; 17, 1 ; 19, 12 ; 20, 11 ; 23, 1 ; 27, 8 ; 28, 1 et 6.

Joie (*gaudium* et verbe *gaudere*) : 3, 5 ; 4, 2 ; 5, 1 ; 6, 4 ; 20, 1 ; 23, 1 à 6 ; 26, 2 et 3 ; 27, 3 et 4 ; 29, 7.

Lecture, étude(s) : 2, 2 à 5 ; 6, 5 ; 7, 11 ; 8, 1 ; 13, 17 ; 15, 3 et 6 ; 19, 9 ; 21, 2 ; 24, 6 ;

26, 6 ; cf. 11, 9 et 25, 6 (pédagogue) ainsi que les commentaires accompagnant chaque citation donnée en fin de lettre.

Liberté et autonomie : 1, 1 à 3 ; 4, 8 ; 8, 7 ; 9, 8 et 17 ; 11, 6 et 7 ; 12, 9 et 10 ; 13, 1, 7 et 14 ; 14, 13 et 14 ; 16, 5 et 6 ; 17, 6 et 7 ; 19, 3 et 4 ; 21, 5 ; 22, 5 et 11 ; 24, 7 ; 26, 10 ; 28, 8.

Loisir, retraite : 7, 8 ; 8, 1 et 2 ; 9, 16 ; 14, 14 et 15 ; 16, 3 ; 18, 12 ; 19 (en entier) ; 21, 1 ; 22 (en entier) ; 25, 6 et 7.

Luxe, débauche : 1, 4 ; 5, 5 ; 7, 3 et 7 ; 16, 8 ; 18, 1 à 7 ; 20, 3.

Maladie, médecine : 2, 1 à 3 ; 5, 7 ; 6, 1 ; 7, 1 ; 8, 2 ; 9, 4 et 8 ; 13, 14 ; 14, 3 et 4 ; 15, 1 ; 17, 12 ; 21, 10 ; 22, 1 ; 24, 8 et 17 ; 25, 2 ; 27, 1, 8 et 9 ; 28, 3 et 10 ; 29, 1, 3 et 8.

Mesure (*modus* et famille) : 2, 6 ; 5, 5 ; 9, 20 ; 13, 9 à 13 ; 15, 5 ; 16, 8 ; 18, 4, 13 et 14 ; 19, 5 ; 20, 5 ; 22, 1 ; 23, 6 et 9 ; 27, 3. Cf. Modération, 18, 15 ; 22, 11 ; 23, 6. Modestie, 5, 2 ; 14, 11 et 12 ; 15, 8 ; 19, 8 ; 26, 3. Commodité/ incommodité, 9, 3 et 10 ; 10, 2 ; 14, 3 ; 15, 3 ; 24, 21 ; 26, 3 à 8 ; 27, 8 ; 28, 3, et enfin, s'accommoder à (*se accommodare*), 17, 19 ; cf. verbes *aptari, conuenire*, s'adapter, s'ajuster à, 5, 8 ; 22, 6 ; et 4, 11 ; 5, 2.

Mort : 1, 2 et 3 ; 2, 4 ; 4, 3 à 5 ; 6, 2 ; 7, 4 et 5 ; 8, 1 ; 9, 10 ; 12, 3 et 6 ; 13, 13 et 14 ; 17, 5 ; 19, 2 ; 22, 14 à 16 ; 23, 4 et 10 ; 24 (en entier) ; 26, 5 à 10 ; 27, 2 ; 29, 9.

Nature : 1, 3 ; 3, 6 ; 4, 9 et 10 ; 5, 4 ; 9, 16 à 21 ; 11, 1 à 5 ; 13, 15 ; 14, 4 ; 15, 7 ; 16, 7 à 9 ; 17, 9 ; 20, 13 ; 21, 10 et 11 ; 22, 15 ; 24, 15 à 17 ; 25, 4 ; 26, 4 ; 27, 9 ; 29, 2 et 9.

Nourriture : 2, 3 à 6 ; 4, 10 ; 5, 3 à 5 ; 8, 5 ; 12, 4 et 8 ; 14, 5 et 6 ; 15, 3 à 11 ; 17, 3 à 7 ; 18, 2 à 12 ; 19, 7 et 10 ; 20, 3 et 7 ; 21, 10 ; 22, 1 ; 25, 2 à 4.

Opinion : 13, 4 à 8 ; 16, 7 à 9 ; 27, 7 ; cf. vulgaire, 5, 3 et 6 ; 8, 3 ; 14, 9 ; 23, 5 ; 29, 12 et *passim* les mots : peuple et populaire, public, général, masse... (voir Foule).

Passion : 9, 11 ; 11, 7 ; 18, 15 ; 22, 10 ; 24, 25.

Pauvreté : 1, 4 et 5 ; 2, 4 à 6 ; 4, 10 et 11 ; 5, 3 ; 9, 8 et 14 ; 14, 3, 4 et 9 ; 16, 7 ; 17 (en entier) ; 18, 5 à 12 ; 19, 7 ; 20, 7 à 13 ; 24, 17 ; 25, 4 ; 27, 9.

INDEX THÉMATIQUE

Philosophie : 4, 2 ; 5, 2 à 5 ; 8, 7 à 9 ; 9, 7 ; 14, 11 et 12 ; 15, 1 ; 16, 2 à 5 ; 17, 2 à 8 ; 20, 1 et 2 ; 21, 9 ; 24, 15 et 26 ; 29, 5 à 7 et 12.

Plaisir : 4, 1 ; 7, 2 et 12 ; 9, 6 et 7 ; 12, 4 et 5 ; 18, 2 et 3, 9 et 10 ; 21, 8 à 11 ; 23, 3 à 6 ; 24, 16 ; 27, 2.

Plénitude, contentement, satisfaction/insatisfaction : 1, 5 ; 2, 6 ; 4, 11 ; 7, 11 ; 8, 1 et 5 ; 9 (en entier) ; 12, 4 et 8 ; 15, 9 et 11 ; 17, 1, 4, 5 et 10 ; 18, 5 à 10 ; 19, 6 et 7 ; 20, 8 et 13 ; 21, 8 ; 23, 3, 5 et 10 ; 24, 26 ; 25, 7.

Préceptes : 1, 4 ; 3, 2 ; 6, 5 ; 8, 1 ; 10, 5 ; 11, 9 ; 13, 1, 4 et 5 ; 14, 10 ; 15, 9 ; 18, 5 ; 20, 9 ; 21, 11 ; 24, 5 et 22 ; 26, 6. Cf. *passim* les verbes enseigner, recommander, avertir, exhorter.

Progrès : 4, 3 ; 5, 1 ; 6, 6 et 7 ; 11, 1 et 7 ; 16, 2 ; 18, 9 ; 20, 1 ; 24, 3 (avancés), 25, 2 et 6 ; 26, 5 ; 29, 3.

Projet (*propositum* et verbe *proponere*, envisager, se fixer un but) : 5, 4 ; 9, 8 ; 13, 11 et 12 ; 14, 15 et 17 ; 16, 1 (résolutions) ; 20, 2 et 4 ; 21, 1 ; 23, 7 ; 24, 1 et 2 ; 29, 3 (*certum petat*) et 8. Cf. *passim*, emplois de *consilium*, intention, résolution, dessein, décision.

Prudence : 9, 19 ; 10, 1 (prends garde) et 2 ; 13, 12 ; 22, 5 et 7 (réfléchi) ; 14, 8 (avisé) et 24, 23. Cf. prévoyance, providence : 5, 8 et 9 ; 16, 6 et témérité, 14, 8 ; 19, 8 ; 22, 7 ; 24, 24.

Puissance, pouvoir : 4, 6 et 8 ; 9, 5 ; 14 (en entier) ; 17, 2 ; 19, 9 ; 21, 3 et 6 ; 23, 2 ; 24, 8 et 16 ; 26, 10.

Repos (*quies* et famille) : 2, 1 ; 3, 5 et 6 ; 4, 7 et 9 ; 7, 3 ; 9, 16 ; 14, 2 et 11 ; 17, 3 ; 19, 4 et 8 (inquiétude) ; 23, 7 ; 24, 1 et 23 ; 25, 7 ; 26, 3 ; 27, 6 ; 28, 6.

Richesse : 2, 6 ; 4, 10 et 11 ; 5, 6 ; 7, 7 ; 9, 22 ; 14, 17 et 18 ; 16, 7 et 8 ; 17 (en entier) ; 18, 7 à 13 ; 20, 10 à 13 ; 21, 7 et 8 ; 25, 4 ; 27, 5 à 9.

Sage, sagesse : 6, 4 et 6 ; 9 (en entier) ; 11, 1, 6 et 7 ; 14, 7 à 16 ; 16, 1 ; 17, 8 à 10 ; 19, 12 ; 20, 2 et 5 ; 22, 16 ; 24, 25 ; 26, 3 et 6 ; 28, 7 ; 29, 3.

Santé : 2, 3 ; 6, 4 ; 8, 2 et 5 ; 9, 13 ; 10, 3 à 5 ; 11, 8 ; 13, 1 et 5 à 7 ; 14, 15 ; 15, 1 et 2 ; 17, 4, 5 et 11 ; 18, 15 ; 19, 5 ; 22, 6 ; 25, 2 ; 27, 9 ; 28, 6 et 9 ; 29, 8.

Sens, sensation, sentiment (*sensus* et famille) : 4, 2 ; 5, 4 ; 6, 1 ; 7, 10 et 12 ; 8, 10 ; 9, 2 et 3, et 20 à 22 ; 13, 6 ;

16, 2 ; 20, 2, 3 et 10 ; 23, 9 ; 24, 19 ; 26, 2, 5 et 9 ; 28, 7 ; 29, 6 (rapprocher de *sententia*, avis, jugement).

Servitude, esclavage ou emprisonnement : 4, 8 ; 5, 7 ; 8, 7 ; 9, 8 à 22 ; 11, 9 et 10 ; 14, 1, 4, 5 et 13 ; 17, 3 ; 18, 8, 11 et 14 ; 19, 6 ; 22, 11 ; 24, 3, 4, 14 et 17 ; 25, 5 et 6 ; 26, 10 ; 27, 6 à 8 ; 28, 8.

Société/solitude : 6, 3 et 4 ; 7, 9 à 12 ; 9, 9 et 17 ; 10, 2 ; 25, 5.

Sottise : 1, 3 ; 9, 14 et 22 ; 10, 2 ; 13, 16 ; 15, 2 et 9 ; 24, 1 et 14 ; 27, 5 à 8 ; 29, 9.

Souffrance, endurance : 5, 6 ; 7, 5 ; 9, 1 et 2 ; 13, 6 ; 14, 6 ; 17, 6 et 7 ; 18, 8 ; 20, 11 ; 22, 8 ; 23, 4 ; 24, 1, 5, 14 et 24 ; 25, 2 ; 29, 7.

Sûreté, sécurité (*securitas*, ou vie dépourvue de souci, *cura*, et famille) : 3, 3 et 4 ; 4, 4 ; 5, 9 ; 6, 2 ; 7, 1 ; 8, 3 ; 12, 9 ; 14, 3, 8, 9 et 15 ; 16, 3 ; 17, 3, 5 et 9 ; 18, 6 à 8 ; 20, 8 et 12 ; 21, 1 ; 22, 8, 16 et 17 ; 23, 6 ; 24, 1, 7 et 12 ; 25, 7 ; 27, 3.

Tempérance (et verbe *temperare*, doser, tempérer) : 5, 5 ; 11, 6 ; 13, 12 ; 14, 10 et 15 ; 18, 4 ; 23, 6 ; 25, 2 et 7.

Temps : 1 (en entier) ; 12, 6 et 7 ; 13, 4 et 11 ; 14, 13 ; 15, 4 et 11 ; 18, 2 ; 19, 1 et 6 ; 21, 5 ; 22, 1 et 6 ; 24, 1, 11 et 20 ; 25, 3 ; 29, 6 et 7.

Vertu : 4, 4 ; 9, 8 et 19 ; 13, 3 ; 14, 11 ; 24, 5 ; 27, 3 ; 28, 10 ; 29, 11. Rapprocher de *uir*, homme, être, personnage, héros, employé souvent dans les mêmes lettres.

Vice, défaut : 1, 4 ; 3, 4 ; 4, 2 ; 6, 1 ; 7, 2 et 6 ; 11, 1, 2 et 6 ; 12, 1 ; 13, 12 ; 15, 8 ; 17, 12 ; 20, 3 ; 21, 9 ; 22, 15 ; 25, 1, 3 et 6 ; 26, 2 ; 27, 2 ; 28, 1, 7 et 10 ; 29, 8.

Vie intérieure, secrète : 3, 4 ; 6, 6 ; 7, 12 ; 9, 13, 15 et 18 ; 10, 1 ; 11, 9 ; 23, 3 à 5 ; 27, 1.

Vie publique, sociale (affaires, occupations, politique) : 8, 2 ; 9, 10 ; 13, 17 ; 14, 11, 13 et 18 ; 15, 2, 3 et 9 ; 17, 9 ; 19, 1 et 11 ; 21, 1 et 2 ; 22, 1, 4, 8 et 9 ; 23, 6 ; 28, 6.

Vieillesse : 4, 2 et 11 ; 11, 3 ; 12, 1 à 6 ; 13, 17 ; 15, 5 ; 17, 10 ; 19, 1 à 8 ; 21, 8 ; 22, 14 ; 26, 1 à 4.

Volonté : 6, 3 ; 16, 1 ; 17, 5 ; 20, 11 ; 21, 11 ; 22, 10 ; 23, 8. Cf. *passim* les emplois du verbe vouloir ; et *impetus*, élan, 15, 8 ; 16, 6 ; 22, 3 ; 24, 3 (inspirés) et 24.

Voyage : 2, 1 et 2 ; 13, 17 ; 28, 1 à 5.

Vrai : 3, 2 ; 6, 2 ; 8, 7 ; 10, 5 ; 12, 11 ; 13, 1, 4 à 10 et 13 ; 18, 7 et 14 ; 19, 9 ; 20, 7, 9 et 13 ; 22, 10 et 13 ; 23, 4 et 6 ; 24, 21 ; 29, 1.

CHRONOLOGIE

N. B. : Les tragédies de Sénèque, extrêmement difficiles à dater, n'ont pas été insérées dans cette chronologie.

Vers l'an 4 av. J.-C. ? : Naissance à Cordoue de Sénèque (Lucius Annaeus Seneca), fils d'Helvia et de Marcus Annaeus Seneca, dit « Sénèque le Rhéteur ».

14 apr. J.-C. : Mort d'Auguste. Avènement de Tibère. Sénèque fait ses études à Rome où son père l'a conduit. À la fin de son adolescence, il suit les cours du pythagoricien Sotion, du stoïcien Attale, enfin de Papirius Fabianus.

Entre 25 et 31 : Séjour en Égypte où son oncle C. Galerius est préfet. Sénèque y travaille peut-être à ses premiers ouvrages scientifiques (perdus) dont un consacré à ce pays.

31 : Retour de C. Galerius et de sa femme à Rome. Sénèque est du voyage (voir *Consolation à Helvie*, XIX, 4). Mort de son oncle en mer.
Chute de Séjan, cruel ministre de Tibère. Sénèque est à Rome (voir *Questions naturelles*, I, 1, 3).

Entre 32 et 36 : Débuts de la carrière politique : Sénèque est questeur et, par là, devient, de droit, sénateur.

37 : Mort de Tibère. Avènement de Caligula. Celui-ci prend ombrage des succès d'orateur de Sénèque. Naissance de Néron.

Entre 37 et 41 : Sénèque poursuit sa carrière : est-il tribun de la plèbe ? édile ?

39 : Mort de Sénèque le Père.

Vers 40 : *Consolation à Marcia*, première œuvre conservée.

41 : Assassinat de Caligula. Avènement de Claude. Naissance de Britannicus, fils de Claude et de Messaline.

À partir de 41 : *De ira* (*De la colère*).

Fin 41 : Sénèque s'étant lié à Julia Livilla, sœur de Caligula, est relégué en Corse par Claude.

Vers 42 : *Consolation à Helvie*.
Julia Livilla meurt en exil.

43-44 : *Consolation à Polybe*.

48 : Mort de Messaline.

49 : Mariage de Claude et d'Agrippine. Rappel de Sénèque après huit ans de relégation en Corse, sans doute grâce à Agrippine. Il devient préteur.
De breuitate uitae (*De la brièveté de la vie*).

À partir de 49 : Sénèque est précepteur du jeune Néron.

50 : Néron est adopté par Claude.

Vers 54 ? : *De tranquillitate animi* (*De la tranquillité de l'âme*), d'après P. Grimal[1] mais d'autres estiment l'ouvrage postérieur au *De constantia sapientis*.

54 : Mort de Claude, empoisonné par Agrippine. Avènement de Néron.
Apocoloquintose (discours satirique tournant en ridicule l'empereur défunt alors que Sénèque avait aussi rédigé son éloge officiel, prononcé par Néron).

De 54 à 59 : « Quinquennat » de Sénèque, aidé par Burrus.

55 : Assassinat de Britannicus.

Vers 55-56 : *De constantia sapientis* (*De la constance du sage*).

56 : *De clementia* (*De la clémence*) ou, au moins, le premier livre qui est un discours-programme politique.
Sénèque consul ?

58 : Attaques de Suillius (voir Tacite, *Annales*, XIII, 42-43) contre Sénèque qui riposte en suscitant un procès. Sénèque, devenu fort riche, est, semble-t-il alors, à l'apogée de son pouvoir.

---

1. Voir Bibliographie.

Vers 58 : *De uita beata* (*De la vie heureuse*) où Sénèque paraît se défendre contre les attaques personnelles dont il fut l'objet. Début de la liaison de Néron avec Poppée.

59 : Assassinat d'Agrippine. Sénèque choisit de couvrir le crime pour sauvegarder le pouvoir impérial et la paix publique.

Entre 58 et 60 ? : *De beneficiis* (*Des bienfaits*).

62 : Mort de Burrus. Néron, influencé notamment par Tigellin, échappe de plus en plus au contrôle de son vieux maître. Il répudie Octavie (qui mourra peu après) et épouse Poppée. Sénèque offre à Néron de se retirer (voir Tacite, *Annales*, XIV, 53 *sq.*). Celui-ci refuse officiellement, mais, en réalité, Sénèque se met de lui-même progressivement à l'écart et se consacre à ses derniers ouvrages.

Vers ou à partir de 62 : *De otio* (*Du loisir*). Début des *Questions naturelles*. Début des *Lettres à Lucilius* que P. Grimal date de juillet 62, d'autres de 63 : dans la première hypothèse, les Saturnales de la *Lettre* 18 seraient celles de décembre 62 ; le printemps, dans la *Lettre* 24, celui de l'année 63 où se situerait également le procès que redoute Lucilius.

Vers 63 ? : *De prouidentia* (*De la providence*).

La correspondance continue alors que Lucilius est procurateur en Sicile et Sénèque, tantôt à Rome, tantôt en Campanie.

64 : Sénèque se trouve à Pompéi, puis à Naples. Sans doute a-t-il suivi l'empereur dans ses déplacements.

Grand incendie de Rome (voir Tacite, *Annales*, XV, 41 *sq.*).

64 ou 65 : Incendie de Lyon (*Lettre* 91).

Sénèque rédige (?) des *Livres de philosophie morale* (perdus).

65 : Conjuration de Pison. Sénèque est probablement informé de ce qui se trame, peut-être impliqué. Néron, ayant découvert le complot, envoie à Sénèque l'ordre de mourir (voir Tacite, *Annales*, XV, 60 *sq.*).

BIBLIOGRAPHIE

Les stoïciens et leur philosophie (morale, psychologie, religion)

Textes de référence

ARNIM H. VON, *Stoicorum ueterum fragmenta*, ou « SVF », Leipzig, Teubner, 1903-1924, 4 vol. ; rééd. Stuttgart, Teubner, 1964.
BRÉHIER É., et SCHUHL P.-M., *Les Stoïciens*, Gallimard, « Bibliothèque de la Pléiade », 1962 ; rééd. 1997.
BRUN J., *Les Stoïciens*, textes choisis, PUF, 1957 ; rééd. 2003.

Études générales

BRÉHIER É., *Études sur la philosophie ancienne*, in *Histoire de la philosophie*, Alcan, t. I, 1926 ; rééd. PUF, 2012.
CHÂTEAU J., *Les Grandes Psychologies dans l'Antiquité*, Vrin, 1978.
DARAKI M., *Une religiosité sans Dieu. Essai sur les stoïciens d'Athènes et saint Augustin*, La Découverte, 1989.
GOLDSCHMIDT V., *Le Système stoïcien et l'idée de temps*, Vrin, 1953 ; éd. revue et augmentée, 1979 ; rééd. 1989.
–, *L'Ancien Stoïcisme*, in B. Parain (dir.), *Histoire de la philosophie*, Gallimard, « Encyclopédie de la Pléiade », t. I, 1969.
HADOT P., *Exercices spirituels et philosophie antique*, Études augustiniennes, 1981 ; éd. revue et augmentée, A. Michel, 2002.
–, *Qu'est-ce que la philosophie antique ?*, Gallimard, 1995.
–, *La Philosophie comme manière de vivre. Entretiens avec J. Carlier et A.I. Davidson*, A. Michel, 2001 ; rééd. 2014.

HEGEL G.W.F., *Leçons sur l'histoire de la philosophie*, pages consacrées à « La philosophie stoïcienne », nouvelle trad. et notes de P. Garniron, Vrin, 1975, t. IV, p. 633-685.

JACKSON-MCCABE M., « The Stoic Theory of Implanted Preconceptions », *Phronesis*, vol. 49, n° 4, 2004, p. 323-347.

LANDSBERG P.L., *Essai sur l'expérience de la mort*, suivi de *Le Problème moral du suicide*, Seuil, 1951 ; rééd. « Points », 1993.

POHLENZ M., *Die Stoa. Geschichte einer geistigen Bewegung*, Göttingen, Vandenhoeck und Ruprecht, 1948-1959, 2 vol.

RODIS-LEWIS G., *La Morale stoïcienne*, PUF, 1970.

ROMEYER-DHERBEY G. (dir.), et GOURINAT J.-B. (éd.), *Les Stoïciens*, Vrin, 2005.

VOELKE A.J., *L'Idée de volonté dans le stoïcisme*, PUF, 1973.

LE STOÏCISME À ROME
(EN PART. AU Ier SIÈCLE APR. J.-C.)

Actes du VIIe congrès de l'association Guillaume-Budé (Aix-en-Provence, 1er-6 avril 1963), Les Belles Lettres, 1964, en particulier la communication de P. Boyancé, « Le stoïcisme à Rome », p. 218 *sq.*

ANDRÉ J.-M., *La Philosophie à Rome*, PUF, 1977, en particulier le chap. IV, « La philosophie d'Auguste à Néron. Sénèque : connaissance et spiritualité », p. 133 *sq.*

CHEVALLIER R., « Le milieu stoïcien à Rome au Ier siècle apr. J.-C., ou l'âge héroïque du stoïcisme romain », *Bulletin de l'association Guillaume-Budé*, Les Belles Lettres, 1960, p. 534-562.

CIZEK E., *L'Époque de Néron et ses controverses idéologiques*, Leyde, Brill, 1972.

–, *Néron*, Fayard, 1982 ; rééd. Marabout, « Marabout université », 1988.

GRILLI A., *Il Problema della vita contemplativa nel mondo greco-romano*, Rome, Fratelli Bocca, 1953.

GROETHUYSEN B., *Anthropologie philosophique*, Gallimard, 1952 ; rééd. « Tel », 1980, en particulier le chap. IV, « La philosophie gréco-romaine de la vie ».

HADOT I., *Arts libéraux et philosophie dans la pensée antique*, Études augustiniennes, 1984 ; 2ᵉ éd. revue et augmentée, Vrin, 2005.
MARROU H.I., *Histoire de l'éducation dans l'Antiquité*, Seuil, 1948 ; rééd. « Points », 1988.
MICHEL A., « La philosophie en Grèce et à Rome de 130 av. J.-C. à 250 apr. J.-C. », in *Histoire de la philosophie*, Gallimard, « Encyclopédie de la Pléiade », t. I, 1969.

SÉNÈQUE, SA VIE, SA PENSÉE, SON RÔLE POLITIQUE

Actas del congreso internacional de filosofiá en commemoración de Séneca en el XIX centenario de su muerte (Cordoue, 7-12 septembre 1965), Madrid, Librería editorial Augustinus, 1965-1966, 2 vol.
ANDRÉ J.-M., « *Otium*, retraite et conversion à la sagesse chez Sénèque ; l'évolution des *Dialogues* aux *Lettres* », in *Recherches sur l'otium romain*, Les Belles Lettres, « Annales littéraires de l'université de Besançon », 1962, p. 27-81.
–, « Sénèque et l'épicurisme : ultime position », in *Actes du VIIIᵉ congrès de l'association Guillaume-Budé* (Paris, 5-10 avril 1968), Les Belles Lettres, 1969, p. 469-480.
AUBENQUE P., et ANDRÉ J.-M., *Sénèque*, Seghers, 1964.
BELLINCIONI M., *Educazione alla sapientia in Seneca*, Brescia, Paideia, 1978.
–, *Potere ed etica in Seneca*, Brescia, Paideia, 1984.
GRIFFIN M.-T., *Seneca, a Philosopher in Politics*, Oxford, Clarendon Press, 1976.
GRIMAL P., *Sénèque ou la Conscience de l'Empire*, Les Belles Lettres, 1978 ; rééd. Fayard, 1991.
HADOT I., *Seneca und die griechisch-römische Tradition der Seelenleitung*, Berlin, De Gruyter, 1969.
–, *Sénèque. Direction spirituelle et pratique de la philosophie*, Vrin, 2014.
INWOOD B., *Reading Seneca. Stoic Philosophy at Rome*, Oxford, Clarendon Press, 2005. Ouvrage critiqué par

I. Hadot dans *Sénèque. Direction spirituelle et pratique de la philosophie, op. cit.*

Présence de Sénèque, Actes du colloque de l'université de Tours (13-14 octobre 1989), Touzot, 1991.

ROZELAAR M., *Seneca, eine Gesamtdarstellung*, Amsterdam, Adolf M. Hakkert, 1976.

SÉNÈQUE, *Entretiens. Lettres à Lucilius*, P. Veyne (éd.), Robert Laffont, « Bouquins », 1993. Cette édition abondamment annotée – qui reprend les traductions publiées aux éditions Les Belles Lettres – contient un avant-propos et une longue préface (p. III-CLXXI) où l'auteur expose des thèses critiquées par I. Hadot dans *Sénèque. Direction spirituelle et pratique de la philosophie, op. cit.*

Des relevés bibliographiques faisant le point sur la recherche sénéquienne ont été effectués par :

MOTTO A.L., « Recent Scholarship on Seneca's Prose Works », 1940-1957, 1957-1958, 1958-1968, 1968-1978, *Classical World*, vol. 54, 1960, p. 13-18, 37-48, 70-71 et 111-112 ; puis vol. 64, 1971, p. 141-158, 177-188 et 191 ; enfin vol. 77, 1983, p. 69-116.

CHAUMARTIN F.-R., « Quarante ans de recherche sur les œuvres philosophiques de Sénèque (Bibliographie 1945-1985) », *Aufstieg und Niedergang der Römischen Welt*, II, vol. 36, n° 3, 1989, p. 1547-1605.

LES *LETTRES À LUCILIUS*

Éditions savantes

Collection des universités de France, dite « Budé », Les Belles Lettres, texte établi par F. Prechac et traduit par H. Noblot, 1945-1964, 5 vol. ; nombreuses rééditions.

L. ANNAEI SENECÆ, *Ad Lucilium Epistulæ morales*, texte latin établi par L.D. Reynolds, Oxford, Clarendon Press, 1965, 2 vol.

SENECA, *Lettere a Lucilio*, Lettres 1 à 12, texte, introduction, traduction et commentaire par G. Scarpat, Brescia, Paideia, 1975.

Index uerborum

SÉNÈQUE, *Lettres à Lucilius : index uerborum, relevés statistiques*, L. Delatte, É. Evrard, S. Govaerts *et al.* (éds), Université de Liège, travaux publiés par le Laboratoire d'analyse statistique des langues anciennes (LASLA), fasc. 10, La Haye, Mouton, 1973, 2 vol.

Problèmes de structure, langue et style

ALBERTINI E., *La Composition dans les ouvrages philosophiques de Sénèque*, Paris, E. de Broccard, 1923.
ARMISEN-MARCHETTI M., *Sapientiæ facies, étude sur les images de Sénèque*, Les Belles Lettres, 1989.
MAURACH G., *Der Bau von Senecas Epistulæ Morales*, Heidelberg, C. Winter, 1970.
TRAINA A., *Lo Stile drammatico del filosofo Seneca*, Bologne, Patron, 1974 ; rééd. 1984.

Intériorité, conscience de soi, conscience morale

AUBRY G., et ILDEFONSE F. (dirs), *Le Moi et l'Intériorité*, Vrin, 2008.
BÉNATOUÏL T., *Faire usage : la pratique du stoïcisme*, Vrin, 2006.
BLANSDORF J., « L'interprétation psychologique de l'*autarkeia* stoïcienne chez Sénèque », in *Présence de Sénèque*, Actes du colloque de l'université de Tours, *op. cit.*, p. 81-96.
FOUCAULT M., *Histoire de la sexualité*, t. III, *Le Souci de soi*, Gallimard, 1984, chap. II et III.
GILL C., *The Structured Self in Hellenistic and Roman Thought*, Oxford, Oxford University Press, 2006.
–, « Le moi et la thérapie philosophique dans la pensée hellénistique et romaine », in G. Aubry et F. Ildefonse (dirs), *Le Moi et l'Intériorité*, *op. cit.*
LÉVY C., « Le "moi médiateur" dans le stoïcisme romain. À propos du livre de G. Reydams-Schils », *International Journal of the Classical Tradition*, vol. 13, n° 4, printemps 2007, p. 586-592 (voir ci-après).

MICHEL A., « Dialogue philosophique et vie intérieure : Cicéron, Sénèque, Augustin », *Helmantica*, vol. 28, n° 85-87, 1977, p. 353-376.

PIGEAUD J., *La Maladie de l'âme. Étude sur la relation de l'âme et du corps dans la tradition médico-philosophique antique*, Les Belles Lettres, 1981, en particulier les p. 336-353 consacrées aux *Lettres à Lucilius*.

REYDAMS-SCHILS G., *The Roman Stoics : Self, Responsibility and Affection*, Chicago, University of Chicago Press, 2005.

TABLE

Présentation 7
Note sur la traduction 24

LETTRES À LUCILIUS

LIVRE PREMIER

Lettre 1 29
Lettre 2 32
Lettre 3 35
Lettre 4 38
Lettre 5 42
Lettre 6 46
Lettre 7 49
Lettre 8 54
Lettre 9 59
Lettre 10 67
Lettre 11 70
Lettre 12 74

LIVRE II

Lettre 13	81
Lettre 14	88
Lettre 15	96
Lettre 16	101
Lettre 17	105
Lettre 18	110
Lettre 19	115
Lettre 20	120
Lettre 21	125

LIVRE III

Lettre 22	133
Lettre 23	138
Lettre 24	142
Lettre 25	151
Lettre 26	154
Lettre 27	158
Lettre 28	162
Lettre 29	166
Résumé des lettres	171
Index des noms propres	179
Index thématique	183
Chronologie	189
Bibliographie	193

DERNIÈRES PARUTIONS

APOLLINAIRE
Alcools (1524)
Calligrammes (1525)

ARISTOTE
Éthique à Eudème (bilingue) (1509)
Le Mouvement des animaux. La Locomotion des animaux (1508)
Premiers analytiques (1230)
Topiques. Réfutations sophistiques (1545)

BALZAC
Balzac journaliste (1277)
La Cousine Bette (1556)
Ursule Mirouët (1517)

BARBEY D'AUREVILLY
Barbey d'Aurevilly journaliste (1562)

BARBUSSE
Le Feu (1541)

BERGSON
Essai sur les données immédiates de la conscience (1522)
Essai sur les données immédiates de la conscience, chapitre 2 (1521)
La Pensée et le Mouvant (1539)
Le Rire (1526)

BLASONS ANATOMIQUES DU CORPS FÉMININ (1575)

CICÉRON
Fins des biens et des maux (1568)

CLAUSEWITZ
De la guerre, livre I (1542)

DUMAS
Pauline (1566)
La Tour de Nesle. Henri III et sa cour (1565)

DURKHEIM
Le Suicide, livre II (1540)

ÉCRITS ATTRIBUÉS À PLATON (1543)

FICHTE
Introductions berlinoises à la philosophie (1538)

FITZGERALD
Tendre est la nuit (1561)

FREUD
Totem et tabou (1559)

GAUTIER
Les Jeunes France et autres récits humoristiques (1518)

GIRAUDOUX
Électre (1548)
La guerre de Troie n'aura pas lieu (1549)
Ondine. Intermezzo (1571)

GONCOURT
La Fille Élisa (1553)

HOUELLEBECQ
La Carte et le Territoire (1572)

HUGO
Hugo journaliste (1530)
Quatrevingt-treize (1160)
Ruy Blas (1570)

KANT
Les Progrès de la métaphysique (1527)

MOLIÈRE
Le Bourgeois gentilhomme (1537)

MONTESQUIEU
De l'esprit des lois (anthologie) (1511)

NERVAL
Sylvie (1520)

NICOLAS DE CUES
La Docte Ignorance (1510)

NIETZSCHE
La Naissance de la tragédie (1558)

PERRAULT
Histoires ou contes du temps passé (1546)

POTOCKI
Voyages (1560)

RABELAIS
Gargantua (bilingue) (1573)

RACINE
Andromaque (1555)

RIMBAUD
Je ne suis pas venu ici pour être heureux (correspondance) (1550)

RIMBAUD, VERLAINE, CROS...
Album zutique. Dixains réalistes (1569)

SADE
Contes libertins (1535)

SHAKESPEARE
    Le Conte d'hiver (bilingue) (1576)
    Othello (1563)

LES SOIRÉES DE MÉDAN (1488)

SOPHOCLE
    Œdipe Roi (1557)

STENDHAL
    De l'amour (1239)
    Le Rouge et le Noir (1514)
    Souvenirs d'égotisme (1515)

VIAU
    Les Amours tragiques de Pyrame et Thisbé (1554)

VOLTAIRE
    Écrits satiriques (1536)

WOOLF
    Mrs Dalloway (1523)

ZOLA
    La Curée (1552)

ZWEIG
    Amok (1508)
    Le Joueur d'échecs (1510)
    Lettre d'une inconnue (1511)
    Vingt-quatre heures de la vie d'une femme (1509)

Mise en page par
Pixellence/Meta-systems
59100 Roubaix

N° d'édition : L.01EHPN000808.A003
Dépôt légal : février 2017
Imprimé en Espagne par Novoprint (Barcelone)